普通高等教育 "十一五

高职高专财经类专业系列教材

U0694474

统计学原理（第4版）

Tongjixue Yuanli

邢春玲 ＼ 主　编

周洪光　李　维　卫爱华 ＼ 副主编

重庆大学出版社

内 容 提 要

本书比较系统地阐述了统计的基本理论、基本知识、基本方法及其应用。全书共分 9 章,主要内容包括:概论、统计调查、统计整理、综合指标、时间序列、统计指数、抽样推断、相关分析、统计分析。

本书参考了国内外有关教材,吸收了统计教学的先进经验和教学成果,充分考虑了高职高专教学特点和要求,本着"理论够用为度,强调实践性和应用性",注重基本知识、基本技能的阐述,突出应用型人才培养的特点,具有一定的系统性、理论性、实用性。在编写上力求重点突出,简明扼要。

本书适用于高等职业院校、高等专科院校财经商贸类专业学生使用,也是统计工作者的学习培训用书。

图书在版编目(CIP)数据

统计学原理/邢春玲主编. —4 版.—重庆:重庆大学
出版社,2015.6(2019.12 重印)
高职高专财经类专业系列教材
ISBN 978-7-5624-9058-6

Ⅰ.①统… Ⅱ.①邢… Ⅲ.①统计学—高等职业教育
—教材 Ⅳ.①C8

中国版本图书馆 CIP 数据核字(2015)第 097707 号

统计学原理
(第4版)

邢春玲 主 编
周洪光 李 维 卫爱华 副主编
责任编辑:马 宁 版式设计:马 宁
责任校对:邬小梅 责任印制:张 策

*

重庆大学出版社出版发行
出版人:饶帮华
社址:重庆市沙坪坝区大学城西路 21 号
邮编:401331
电话:(023) 88617190 88617185(中小学)
传真:(023) 88617186 88617166
网址:http://www.cqup.com.cn
邮箱:fxk@ cqup.com.cn(营销中心)
全国新华书店经销
重庆市正前方彩色印刷有限公司印刷

*

开本:720mm×960mm 1/16 印张:12.25 字数:220 千
2015 年 8 月第 4 版 2019 年 12 月第 17 次印刷
印数:56 001—59 000
ISBN 978-7-5624-9058-6 定价:29.80 元

第4版前言

　　《统计学原理》自 2004 年 8 月第 1 版出版发行以来,得到广大高职院校师生广泛选用,多次再版并加印,其间被评为"十一五"国家级规划教材。此次再版对教材进行了全面修订,对时过境迁的案例、数据进行了更新,以期与时代发展同步。

　　《统计学原理》是财经类专业核心课程之一。在编写过程中,针对高等职业院校学生的特点,从统计工作的实际出发,参考了有关著作,注重理论联系实际,强调了实用性,避免了复杂的分析推导。在认真总结本课程教学实践的基础上,全书比较系统地介绍了统计的基础理论、基本知识和基本方法及应用,力求重点突出,简明扼要。

　　本书以高等职业技术教育的培养目标为指导,突出教材内容的针对性、应用性和实践性。以培养学生的独立思考能力和实际操作能力为主,侧重于统计方法在统计实践中的应用。各章后面列出本章小结、复习思考题和练习题,帮助学生理解、消化和掌握所学的内容。

　　本书由天津工业大学邢春玲主编,河北工业职业技术学院周洪光、昆明冶金高等专科学校李维、河南职业技术学院卫爱华担任副主编。参加本书编写的人员及具体分工是:天津工业大学邢春玲(第 1 章、第 2 章)、重庆工业职业技术学院王红谊(第 3 章)、河北工业职业技术学院周洪光(第4章)、昆明冶金高等专科学校李维(第5章)、河南职业技术学院卫爱华(第6章)、重庆职业技术学院陈岷(第7章)、天津机电职业技术学院田艳玲(第8章)、天津工业大学孙娟(第9章)。

　　本教材在编写过程中,参阅了大量的教材、著作、文献和资料,借鉴和吸收了许多专家学者的研究成果,得到了有关院校领导、老师的大力支持,在此一并表示感谢。

　　本书适用于高等职业院校财经商贸类专业的学生使用,也可以作为其他高等专科院校相关专业的教材。

　　限于水平和经验,书中难免有不当之处,恳请广大读者批评指正。

编　者

2015 年 3 月

目录

MULU

MULU

MULU

第 1 章
概　论

【学习目标】

通过本章学习,理解统计的含义、统计学的研究对象、研究方法。了解统计工作过程,掌握统计学中常用的几个基本概念。

1.1　统计学的研究对象和方法

1.1.1　统计的含义

统计的含义包括三个方面内容：即统计工作、统计资料和统计科学。

统计工作，即统计实践，是指对社会现象、经济现象和自然现象的数量方面进行搜集、整理、分析研究的过程，其成果是统计资料。

统计资料是统计工作过程中所取得的各项数字资料。包括原始的调查资料及经过整理分析得出的系统、全面的资料。例如：各种统计报表、统计报告、统计公报等。

统计科学，即统计理论，是关于搜集、整理和分析统计资料的理论和方法的一门科学，是统计工作实践的理论概括和科学总结。

统计工作、统计资料和统计科学三者有着密切联系。统计资料是统计工作的成果，统计科学是统计工作实践经验的理论概括和科学总结，它来源于统计实践，又高于统计实践，反过来又指导统计实践。

统计一词包括上述三方面含义，在理解它的时候要把三方面结合起来，运用统计科学的理论指导我们的统计工作。

1.1.2　统计学的研究对象

统计学的研究对象是大量社会经济现象总体的数量方面，即研究社会经济现象总体的数量特征和数量关系，指社会经济现象的规模、水平、比例、结构、速度、普遍程度等。

一切事物都是质和量的辩证统一，统计也是在质和量的辩证统一中研究社会经济现象的数量方面，从研究社会经济现象的数量出发，达到认识社会经济现象质的目的，使统计学真正成为认识社会的有力武器。

统计以社会经济现象为研究领域，具有如下特点：

1）数量性

统计的研究对象是大量社会经济现象的数量方面。它包括三方面内容：一是数量的多少，即研究现象的规模、大小、水平等。二是研究现象间的数量关系，即研究现象的内部结构、比例关系等。三是研究现象质与量的关系，即研究现象质与量互变的数量界限。统计就是通过对现象量的研究去揭示现象的本质及发展变化规律。

2)总体性

统计的研究对象是社会经济现象总体的数量方面。总体是由许多性质相同的个体所组成,个体是构成总体的基础,没有个体就没有总体。但个体现象往往带有偶然性或特殊性,个体现象的数量特征不能代表社会经济现象总体的本质和规律,只能以社会经济现象的总体为研究对象,才能揭示社会经济现象的本质和规律性。例如,我们了解城镇居民的生活水平,就要把全国、各省、市、地区的城镇居民作为一个整体来研究,不论收入高低、性别、职业,只要是城镇居民都包括在内,这样就可以反映居民在收入、职业等方面的差异,反映出城镇居民生活水平的一般状况。

3)具体性

统计的研究对象是具体事物的数量方面,而不是抽象的数量,是在具体时间、地点条件下的数量表现。这和数学所研究的抽象的量有着根本的区别。例如,2013 年我国的钢材产量是 106 762.20 万吨,这是我国在 2013 年这一具体条件下钢材生产的数量表现,如果离开了具体的时间、地点和条件,这些数字就不能说明任何问题。

4)社会性

统计以社会经济现象为研究对象,具有明显的社会性。社会经济现象与自然科学是不同的,站在不同的立场,持有不同的观点,运用不同的方法,可以得出不同的结论。这些都体现了统计的社会性。

1.1.3 统计学的研究方法

在长期的统计实践中,根据统计研究对象的性质、特点和任务,形成了一系列专门的研究方法,如大量观察法、统计分组法、综合指标法、动态分析法、统计推断法等。

1)大量观察法

大量观察法是对社会经济现象总体或足够多的个体进行观察、研究和分析,从而反映现象总体的特征。例如,在统计实践中广泛采用的人口普查、统计报表等。

2）统计分组法

统计分组法是根据社会经济现象的特点和研究目的，按照一定标志，将总体划分为若干个部分的一种统计方法。通过分组揭示现象总体的内部构成和数量关系，反映现象的本质特征。例如，可以将人口按性别、年龄、文化程度等标志进行分组，可以将企业按所有制性质分组，等等。

3）综合指标法

综合指标法就是运用各种综合指标对现象总体的数量特征和数量关系进行分析研究。在统计工作中常用的综合指标有：总量指标、相对指标和平均指标等，这些指标从静态上和动态上综合反映经济现象的规模、水平、结构、比例等数量特征和数量关系。

4）统计推断法

统计推断法就是根据样本的数量特征去推断总体的数量特征的统计方法。当只掌握总体中部分单位的资料，而又想了解总体的全貌时，就可以采用统计推断法。

1.2 统计工作过程

一个完整的统计工作过程一般可分为统计设计、统计调查、统计整理和统计分析4个阶段。

①统计设计。统计设计是根据统计研究对象的性质和统计研究的任务、目的，对统计工作的各个方面各个环节进行通盘考虑和安排。统计设计的结果表现为各种统计设计方案。统计设计的主要内容有：统计指标和指标体系的设计；统计分类和分组的设计；统计表的设计；统计调查和统计整理方案的设计等。统计设计是统计工作过程中的重要一环，其工作质量直接影响到统计工作的各个阶段。

②统计调查。统计调查是根据统计研究的目的，采用一定的方法，收集统计资料的过程。统计调查是在统计整理和统计分析的基础，统计调查收集的资料是否客观、真实、准确，直接影响到以后阶段的统计工作质量。

③统计整理。统计整理是把统计调查收集的统计资料进行汇总和加工整理，使之系统化、条理化的过程。统计整理是统计工作的中间环节，是统计调查的继续，又是统计分析的前提。

④统计分析。统计分析是对经过加工整理的统计资料进行分析研究,利用各种统计分析方法,认识现象的本质和特征,揭示现象的发展趋势和规律性,并作出科学的总结。统计分析是统计工作的最后阶段,也是形成统计信息的阶段。

以上统计设计、统计调查、统计整理和统计分析 4 个阶段构成了完整的统计工作过程,4 个阶段有着各自的工作内容,在统计过程中发挥着不同的作用,它们是相互联系的一个整体,任何一个阶段工作出现失误,都会影响到其他阶段的工作质量。

1.3 统计学中的几个基本概念

1.3.1 统计总体和总体单位

1)统计总体

统计总体是指客观存在的,具有某种相同性质的个别事物组成的整体,简称总体。例如,要研究一个班级同学的学习成绩,那么,全班同学就是一个总体,因为每个同学都是客观存在的,而且都是同班同学,因此具有同质性。

总体可分为有限总体和无限总体。有限总体中包含的总体单位是有限的,可以计数的。无限总体中包含的单位个数是无限的。在统计调查中,对有限总体既可以进行全面调查,也可以进行非全面调查。而对无限总体只能进行非全面调查,因为总体的单位个数是无限的,无法进行全面调查。

统计总体具有 3 个基本特征:大量性、同质性、差异性。

(1)大量性

统计是研究大量社会经济现象的数量方面,因此,要求统计总体应包含足够多的总体单位,不能由少数单位所构成。这样才能反映出总体的一般数量特征,揭示社会经济现象的规律性。

(2)同质性

同质性是指构成总体的每个个体至少在某一方面具有相同性质。同质性是构成统计总体的基础。

(3)差异性

差异性是指构成总体的个体除了具有相同性质外,在其他方面还存在着差异。如果个体之间没有差异,就没有进行统计研究的必要了。差异是统计研究的基础。

2)**总体单位**

总体单位是指构成总体的每一个个体。上例中,班级的每个同学就是总体单位。总体单位在某一点上的同质性,是构成统计总体的必要条件。

统计总体和总体单位不是固定不变的,随着统计研究目的的变化,它们是可以相互转化的。原来的总体可能变为总体单位,原来的总体单位也可能变为总体。例如,研究全国的电力企业时,每一个电力企业是总体单位,如果研究某一个电力企业时,这个电力企业就成为了统计总体。

1.3.2 标志和指标

1)**标志**

标志是说明总体单位属性或特征的名称。例如,在全国人口普查中,全国人口是总体,每个人是总体单位,每个人的年龄、性别、民族、文化程度等就是标志,反映总体单位的特征。

标志可分为品质标志和数量标志。品质标志表明事物的属性特征,只能用文字说明,不能用数值来表示。例如,人的性别只能用"男""女"来表示。文化程度是初中、高中或大学,也只能用文字表示,不能用数值表示。数量标志是表明事物量的特征,一般用数值来表示。例如,人的年龄、身高、体重等,都是用具体数值来表示,都是数量标志。标志的具体表现是指在标志名称后面所列示的属性或数值。例如,性别分为男、女,"男"和"女"就是性别这个品质标志的具体表现。又如,某人年龄40岁,"40"岁就是年龄这个数量标志的具体表现。

2)**指标**

指标是说明总体数量特征的。按性质不同可分为数量指标和质量指标。数量指标是反映现象总体规模、水平及总量的指标,一般用绝对数表示。例如,总人口数、国民生产总值、工资总额等。质量指标是反映总体内部数量关系的指标,一般用相对数或平均数表示。例如,人均收入、人均国民生产总值、劳动生产率等。了解和认识社会经济现象总体,不仅要了解现象的总规模和总水平,还要研究总体内部的结构和比例关系及其发展变化。不仅要认识事物的外部,还要研究事物的内部。

标志和指标两者既有区别又有联系。它们的区别是:①标志是说明总体单位特征的,而指标是说明总体特征的。②数量标志可以用数值来表示,品质标志不能用数值表示,而指标都是用数值来表示的。它们之间的联系是:①指标的数值是从数量标志值汇总而来的。例如,企业的工资总额是根据每个职工的工资汇总得到的。②指标和数量标志之间存在着变换关系。根据统计研究目的不同,原来的总体变为总体单位,原来的指标也就相应地变为数量标志。同样,总体单位也会转化为总体,总体单位的数量标志也会转化为指标。

1.3.3　变量和变异

1)变量

可变的数量标志称作变量。变量的具体数值叫变量值或标志值。例如,职工的工资就是变量,月工资额 3 000 元、3 500 元、4 000 元等,就是变量值。

变量按其数值是否连续可分为连续变量和离散变量两种。连续变量的变量值是连续不断的,相邻数值间可取无限多个变量值。例如,年龄、身高、体重等都是连续变量。离散变量也称间断变量,其变量值只能取整位数。例如,企业个数、职工人数、设备台数等。

2)变异

变异是指标志表现在各总体单位间的差异,包括品质变异和数量变异。例如,性别的标志表现可分为男、女,这就是品质变异。年龄的标志表现为10 岁、20 岁、30 岁等,这就是数量变异。变异即差别。变异是普遍存在的,是统计的前提条件,没有变异就没有统计。

【本章小结】

统计学的含义包括统计资料、统计工作和统计学。统计资料是统计工作的成果,统计学是对统计工作的经验总结和理论概括。

统计的研究对象是大量社会经济现象的数量方面。即研究社会经济现象总体的数量特征和数量关系。

统计学的研究方法包括大量观察法、统计分组法、综合指标法和统计推断法。

统计工作过程一般包括统计设计、统计调查、统计整理和统计分析 4 个阶段。它们是相互联系的一个整体,在统计工作过程中发挥着各自的作用。

统计学的基本概念主要有：统计总体和总体单位、标志和指标、变异和变量。

统计总体是指客观存在的、具有相同性质的个体组成的整体，简称总体。总体单位是指构成总体的每个个体。统计总体具有大量性、同质性、差异性。统计总体和总体单位的概念不是固定不变的。随着研究目的的变化，它们是可以互相转化的。

标志是说明总体单位属性或特征的名称，可以分为品质标志和数量标志。品质标志是表明事物属性特征，只能用文字说明，不能用数值来表示。数量标志是表明事物量的特征，一般用数值来表示。指标是说明总体的，分为数量指标和质量指标。数量指标是反映现象总规模、总水平的总量指标，一般用绝对数表示。质量指标是反映现象内部数量关系的统计指标，用相对数或平均数表示。标志和指标既有区别又有联系。

可变的数量标志称作变量，变量的具体取值叫变量值。按变量值是否连续可分为连续变量和离散变量。连续变量的变量值是连续不断的，离散变量的变量值是按整数位断开的。变异是指标志的具体表现在各总体单位间的差异。

【思 考 题】

1.统计的含义是什么？三种含义之间的关系？

2.统计学的研究对象是什么？

3.什么是标志和指标？两者有何区别与联系？

4.举例说明总体和总体单位、标志和指标。

5.说明统计的工作过程。

6.什么是连续变量？什么是离散变量？两者有何区别？

第 2 章
统 计 调 查

【学习目标】

通过本章学习,了解统计调查的意义、要求,统计调查的种类。学会制订统计调查方案,掌握统计调查的方法。

2.1 统计调查的意义和种类

2.1.1 统计调查的意义和要求

1)统计调查的意义

统计调查是根据统计研究的目的,统计工作的任务和要求,运用各种调查方法,有计划、有组织地搜集资料的过程。统计调查是整个统计工作的基础环节。如果统计调查得到的资料不准确、不完整,直接影响到下一步统计工作质量。因此,统计调查是统计整理和统计分析的重要前提。

2)统计调查的要求

为了保证调查资料的质量,要求统计调查做到准确、及时、完整。这是统计调查的基本要求。

准确就是如实反映客观实际,如果统计资料不准确、不真实,就不能得出正确的结论,影响以后各阶段统计工作的质量。及时是指在规定的时间内完成统计调查工作并提供统计资料,即时效性。如果提供过时的调查资料,就会失去应有的作用。完整是指调查资料完整无缺,不遗漏、不残缺,如果调查资料片面零碎、残缺不全,就不能真实地反映调查对象的全貌,不能正确认识现象的本质和特征。

2.1.2 统计调查的种类

1)按调查对象的范围不同,分为全面调查和非全面调查

全面调查是对调查对象包括的所有单位都进行调查,如人口普查。全面调查能够反映调查对象的全面情况,但要耗费大量的人力、物力、财力和时间。全面调查只适用于有限总体,用于国情、国力的调查。例如,普查、全面统计报表都属于全面调查。

非全面调查是对调查对象中一部分单位进行调查。重点调查、典型调查、抽样调查都属于非全面调查。这种调查方式调查单位少,可以节约大量的人力、物力、财力和时间,同时提高统计资料的时效性。

2）按登记时间是否连续，分为经常性调查和一次性调查

经常性调查是随着调查对象的发展变化，连续不断地进行登记，观察事物在一段时期内的发展变化。例如，工业产品产量、质量、原材料消耗量等的调查，随着生产过程的进行需要连续不断地进行登记。

一次性调查是对调查对象在某一时刻的状况进行的调查，如设备数量、职工人数的调查等，这些数字不会经常变化，不需要连续登记，均可采用一次性调查。它反映事物在一定时点上的发展水平。

3）按组织方式不同，分为统计报表和专门调查

统计报表是按照统一的格式、内容、要求，自下而上地提供统计资料的调查方式。统计报表反映了调查对象的全面情况，每个单位应按照规定的时间、程序向上级有关部门报送报表。

专门调查是为了研究某个特定问题而组织的调查，属一次性调查。如城镇居民收入情况调查、食品卫生情况调查、就业情况调查等。专门调查在统计调查中占有重要地位。

2.2　统计调查方案

为了保证统计调查工作顺利进行并达到预期目标，在统计调查前，要制订出一个科学合理的统计调查方案，这样才能保证统计调查有计划、有组织、有步骤地进行。一个完整的统计调查方案，应包括以下基本内容：

2.2.1　明确调查目的

在制订调查方案时，首先要明确调查目的。调查目的是指通过调查要达到的目标。调查的目的不同，调查的内容就不同，只有确定了调查目的，才能确定调查内容、调查对象和调查方法等。如果目的不明确，就无法确定调查什么，向谁调查，怎样调查等问题。调查的结果不能满足需要，就会造成人力、物力、财力的浪费。

2.2.2　确定调查对象和调查单位

调查目的的确定以后，就要明确调查对象和调查单位。即确定向谁调查，

由谁来提供调查资料的问题。调查对象是指调查的社会经济现象的总体。确定调查对象,就是要明确调查对象的总体范围,划清它与其他现象的界限,这样才能避免重复和遗漏,保证统计资料的准确性。调查单位是指组成调查总体的个体,即总体单位。它是调查内容的承担者。例如,在工业普查中,所有工业企业是调查对象,每个工业企业就是调查单位,它是调查项目的承担者和调查资料的提供者。

在确定调查单位后,还要规定报告单位,或称填报单位,即负责提交调查资料的单位。调查单位和报告单位有时一致,有时不一致。例如,在工业普查中,调查对象是全部工业企业,每个工业企业既是调查单位又是报告单位。而工业企业设备状况调查,调查单位是每台设备,报告单位则是每个工业企业,由每个工业企业提供设备状况的调查资料。

2.2.3　确定调查项目

根据调查目的确定调查对象和调查单位后,就要确定调查项目。调查项目即需要调查的内容,也就是向总体单位调查登记的标志。应根据调查目的和调查对象的特点,设置调查项目。

2.2.4　设计调查表

将调查项目通过调查表的形式反映出来,它是把调查项目按一定的顺序排列起来,便于进行登记和汇总。调查表是统计调查中搜集资料的重要方式。

调查表可分为单一表和一览表两种形式。单一表是在一张调查表上,只登记一个调查单位,每张调查表可容纳较多的调查项目。一览表是在一张调查表上登记若干个调查单位,在调查项目不多时,可采用一览表。

2.2.5　确定调查时间

调查时间包括调查资料所属的时间和调查工作的期限。如果调查的是时期现象,如产品产量、销售量等,调查时间就是规定的资料搜集的起止时间。如果调查的是时点现象,如人口数、职工人数等,调查时间就是统一规定的标准时点。如我国第六次人口普查登记的标准时点是"2010 年 11 月 1 日零时"。调查工作期限是指调查工作的开始时间和结束时间。包括从搜集资料开始到报送资料为止的整个调查工作所需要的时间。例如,第六次全国人口普查的登记工作,从 2010 年 11 月 1 日开始,到 11 月 10 日以前结束。调查时间要在保证资料完整、准确的前提下尽可能提前。

2.2.6　制订调查工作的组织实施计划

为了保证统计调查工作的顺利进行,还应制订出一个周密的组织实施计划。其主要内容包括:调查工作的领导机构和组成人员;调查的方式方法;调查工作的规则和程序;调查前的准备工作,包括人员的培训、资料的准备、经费的预算、试点工作等。

2.3　统计调查方法

2.3.1　普查与抽样调查

1) 普查

普查是根据特定的目的专门组织的一次性全面调查。一般用来调查一定时点的社会经济现象的总量。例如,全国人口普查、工业普查等。它主要用来搜集那些不能或不适宜通过统计报表搜集的资料。

普查是一种重要的调查方法,是其他调查方式不能替代的。借助普查可以弄清基本的国情、国力,国家可以从实际情况出发制定方针政策。特别是对制定社会与经济发展的长远规划有着重要意义。例如,我国在 1953 年、1964 年、1982 年、1990 年、2000 年和 2010 年进行的六次全国人口普查。

普查是一种重要的调查方式,涉及面广,工作量大,要求高,时效性强,但需要花费大量的人力、物力和财力。因此,不宜经常进行。

2) 抽样调查

抽样调查是一种非全面调查,它是按照随机原则,从总体中抽取一部分样本进行观察,并根据样本的调查结果来推断总体特征的调查方法。

抽样调查的最大特点是采用了随机原则,总体中每一个个体被抽取的机会都是均等的,这就排除了主观人为因素。在统计调查中,有些调查是不可能进行全面调查的,如某些产品质量的检验、城镇居民购买力调查等。对于无限总体的调查,只能采用抽样调查。

2.3.2　重点调查与典型调查

1）重点调查

重点调查是一种非全面调查,是在调查对象中选择一部分重点单位进行调查。重点单位是指单位的个数在全部总体中占的比重较小,但其标志值在总体的标志总量中却占较大的比重。通过对这部分单位进行调查,就能够反映出总体的基本情况。例如,要了解全国钢铁产量的基本情况,只要对少数几个重点钢铁企业,如首钢、鞍钢、宝钢、武钢等进行调查,就能掌握全国钢铁产量的基本情况。虽然这些重点钢铁企业是少数企业,但它们的产量却占全国钢铁产量的很大比重。

2）典型调查

典型调查也是一种非全面调查,它是有意识地从被调查对象中选择少数有代表性的单位进行调查研究。典型调查的特点是调查范围小、省时省力、调查深入等。在统计调查中,通常采用典型调查的方式,研究新情况、新问题。

2.3.3　统计报表

统计报表是定期取得统计资料的主要方法。它是自下而上逐级提供统计资料的一种调查方式,也是一种定期的统计报告制度。通过统计报表,国家和有关部门可以获得社会经济发展的基本统计资料。

统计报表从不同角度,可以分为以下几类:

1）按调查范围不同,分为全面统计报表和非全面统计报表

全面统计报表要求所有调查对象都要填报,非全面统计报表只要求部分单位填报。

2）按报送周期不同,分为日报、旬报、月报、季报、半年报和年报

一般情况下,报送周期短的报表,指标项目相对少一些,仅限于一些主要指标。报送周期长的报表,指标项目可以多一些,详细一些。年报的周期最长,指标项目最多,内容最全面,是具有总结性质的报表,它是检查年度计划完成情况和制订下一年计划的依据。

3)按填报单位不同,分为基层报表和综合报表

基层报表是由基层单位填报的报表。综合报表是由主管部门根据基层报表逐级汇总填报的报表。

4)按实施范围不同,分为国家统计报表、部门统计报表和地方统计报表

根据国家统计调查项目和调查计划制定的统计报表称为国家统计报表,也称作国民经济基本统计报表。它是从整个国民经济角度出发,在全国范围内实施的统计报表。部门统计报表是为了适应各部门业务管理需要而制定的统计报表。地方统计报表是针对各地方特点而制定的地区性统计报表。这三种报表内容各有侧重,但相互联系。部门和地方统计报表是国家统计报表的补充。

【本章小结】

统计调查是根据统计研究的目的,统计工作的任务和要求,运用各种调查方法,有计划、有组织地搜集资料的过程。统计调查是统计整理和统计分析的前提。统计调查的基本要求是准确、及时、完整。

统计调查按调查对象的范围不同,分为全面调查和非全面调查;按登记时间是否连续,分为经常性调查和一次性调查;按组织方式不同,分为统计报表和专门调查。

统计调查方案的主要内容有:①明确调查目的;②确定调查对象和调查单位;③确定调查项目;④设计调查表;⑤确定调查时间;⑥制订调查工作的组织实施计划。

统计调查方法主要有:普查与抽样调查、重点调查与典型调查、统计报表等。普查是根据特定的目的专门组织的一次性全面调查,如人口普查。抽样调查是按照随机原则,从总体中抽取一部分样本进行调查,根据样本的结果来推断总体的调查方法。重点调查是在调查对象中选择一部分重点单位进行调查。典型调查是有意识地从被调查对象中选择少数有代表性的单位进行调查。统计报表是自下而上逐级提供统计资料的调查方式,是一种定期的统计报告制度。

【思 考 题】

1.统计调查的概念和种类。

2.一个完整的统计调查方案应包括哪些内容?

3.什么是普查? 它和统计报表有什么区别?

4.举例说明调查对象、调查单位、填报单位之间的关系。

5.抽样调查、重点调查、典型调查三种非全面调查的区别是什么?

第 3 章
统 计 整 理

【学习目标】

通过本章学习,了解统计整理的意义和步骤,统计整理技术。掌握统计分组的基本理论与方法,正确选择分组标志,能够根据实际资料进行统计分组,编制分配数列和统计表。

3.1 统计整理的意义和步骤

3.1.1 统计整理的意义

统计整理是根据统计研究的目的要求,将统计调查搜集到的原始资料进行科学的分类、汇总,或对已初步加工的资料进行再加工,使之系统化、条理化的工作过程。

统计整理是整个统计研究过程中的中间环节,具有承前启后的作用。统计整理是统计调查的继续,又是统计分析的基础。统计调查所搜集到的资料只有通过科学的审核、分类、汇总等整理工作,才能使统计在认识社会的过程中,实现由个别到全体、特殊到一般、现象到本质、感性到理性的转化,才能从整体上反映事物的数量特征。否则,统计调查所得的资料再丰富、再完备,统计的作用也发挥不出来,统计调查就将徒劳无益,统计分析也将无法进行。

3.1.2 统计整理的步骤

统计整理是一项十分复杂而细致的工作,要做好这项工作,必须有组织有计划地采用科学的方法进行。统计整理通常按下列几个步骤进行:

1)统计整理方案

统计整理方案即设计统计汇总方案,明确规定统计分组的方法和设置汇总的统计指标。

2)审核资料

为了保证统计资料整理工作的质量,首先要对原始资料进行严格的审核。审核的主要内容有资料的全面性、准确性和及时性。

3)资料分组

根据研究目的的要求和统计分析的需要,对原始资料进行划类分组。

4)统计汇总

在分组的基础上,将各项资料进行汇总,得出反映各组和总体的总量指标。

5) 编制统计表

编制统计表可根据整理提纲进行设计、编制。

上述内容中，统计整理方案和审核资料是统计整理的前提，资料分组是统计整理的基础，统计汇总是统计整理的中心，编制统计表则是统计整理的结果。各个环节紧密联系，缺一不可，共同构成统计整理的工作过程。

3.1.3 统计整理技术

统计整理的各个环节都有与之相适应的方法和技术，这里只讨论审核与汇总技术，分组和编表技术在后面介绍。

1) 统计资料的审核

按任何统计调查方法搜集到的资料，在汇总整理前，都必须进行全面检查，这是保证汇总质量的重要手段。统计资料的审核，包括汇总前的审核和汇总后的审核。

（1）汇总前的审核

汇总前对原始资料进行检查审核，及时发现问题，纠正错误，是保证统计汇总质量的首要环节。审核的主要内容有三方面：一是审核资料的完整性。主要检查被调查单位是否有遗漏，调查的内容是否齐全。二是审核资料的及时性。主要检查资料是否按规定时间报送，以及未按时报送的原因。三是审核资料的准确性。对资料准确性的检查通常有以下两种方法：逻辑检查和计算检查。逻辑检查主要是从理论上或根据常识来判断调查资料的内容是否合理，指标之间是否有相互矛盾的地方。例如，在人口调查资料中，如果发现其中有人填报年龄为5岁，文化程度为大学毕业，显然是矛盾的。计算检查是检查调查表或报表中资料的计算口径、方法是否正确，计算结果有无差错，计算单位有无与规定不相符，等等。

（2）汇总后的审核

汇总后的审核主要从以下几方面进行：一是复计审核，即对每个指标数值进行复核计算；二是表表审核，即审核不同统计表上重复出现的同一指标数值是否一致，对同一表中互有联系的各个指标数值，则审核它们之间是否衔接和符合逻辑；三是对照审核，即对某些统计、会计、业务三种核算都进行计算的指标数值，进行相互对照检查，发现可能出现的错误；四是表实审核，即把汇总得到的指标数值，与了解的实际情况联系起来进行检查。

2）统计资料的汇总

统计资料经过审查无误后就要进行汇总。选用合适的汇总统计资料的技术方法，可以提高汇总工作的效率和质量。在统计汇总实践中，采用的统计汇总技术主要有手工汇总和电子计算机汇总。

（1）手工汇总

就是以算盘和计算器为手段，通过手工操作方式对统计资料进行汇总。常用的汇总方法有划记法、过录法、折叠法和卡片法四种。

①划记法。划记法是在预先设计的汇总表上画点或画线作为记号的汇总方法，它适用于对总体单位数的汇总。汇总时，看总体单位属于哪一组，就在汇总表上相应组内划上一个点或一条线，最后，计算各组内的点或线的数目，便得到各组单位数。常用的符号有"正"字等。划记法运用简便，但它只能汇总总体单位数，不能汇总标志值，而且画线太多，容易错漏，所以划记法一般在总体单位数不多且只要求汇总单位数，不要求汇总标志值时运用。

②过录法。过录法先将调查资料过录到预先设计的汇总表上，然后计算加总，得出各组和总体的单位和标志值的合计数，最后填入统计表。过录法既可以汇总单位数，又可以汇总标志值，而且便于校对。但过录工作花时间，过录项目一多，也容易发生错误。因此，在总体单位不多，分组简单的情况下可采用过录法。

③折叠法。折叠法就是把调查表所要汇总的同一项目的数值全部折在边上，一张接一张叠放在一起，直接进行汇总，并将结果填入统计表。这种方法适用于对标志值的汇总，不需过录，简便易行。缺点是在汇总的过程中发现错误，只能从头再来，无法从汇总过程中查明产生差错的原因。

④卡片法。卡片法就是事先设计一种特制的摘录卡片作为分组计数的工具。将所有调查材料先过录在卡片上，再利用卡片分组归类，汇总计算。这是汇总大量调查资料的一种比较科学的方法，比上述三种手工汇总方法更为简便准确。

由于手工汇总速度慢、容易出差错，现逐渐被现代化的汇总技术——电子计算机所代替。

（2）电子计算机汇总

运用电子计算机进行数据汇总，其工作过程大致分为以下几个步骤：

①编程。根据汇总方案编制计算机运行程序。包括统计分组、汇总、制表等程序设计。

②编码。就是把表示信息的某种符号体系转换成便于计算机识别和处理的另一种符号体系的过程。编码的质量不仅影响数据录入的速度和质量，

而且将影响数据处理的最终结果。

③数据录入。就是把经过编码后的数据和实际数字由录入人员通过录入设备记载到存储介质上（如磁带、磁盘、穿孔卡片等），供电子计算机操作时调用。

④逻辑检查（也称编辑）。就是按照事先规定的一套逻辑检查规则对输入计算机的原始数据进行分析、比较和整理。计算机自动将误差超过允许范围的数据退回，重新更正，把在允许范围内的个别误差按编辑程序规则更正。

⑤制表打印。计算机根据事先编好的程序对编辑检查订正后的数据进行计算和制表，并通过输出设备把计算结果打印出来。

以上是计算机汇总的全过程，其中编程是一个重要环节，它是按照计算机语言对汇总工作进行全面系统的安排。一般在统计工作中有已编好程序的软件可供选用。常用的统计软件有数据库管理软件、录入软件、编辑整理软件、统计制图软件和分析评价软件等。

应用电子计算机进行统计资料的汇总，不仅具有计算容量大、速度快、准确程度高的特点，而且还可以进行各种逻辑判断和数据储存。因而计算机汇总是统计资料汇总工作的发展方向。

3.1.4 统计整理的组织

统计整理的大量工作是汇总各组和总体的合计数，即统计汇总。统计整理的组织形式，实际上就是统计汇总的组织形式。因为统计汇总的资料繁多，范围广泛，而且对汇总资料也有不同的要求，所以需要采取合理的组织形式，保证统计汇总工作的顺利进行。

统计汇总的基本形式有逐级汇总和集中汇总，还有由这两种形式结合而成的综合汇总。其中逐级汇总是最常用的。

1）逐级汇总

逐级汇总是按照一定的统计管理体制，自下而上逐级汇总调查资料。我国现行的统计报表制度就是采取这种组织形式。其优点是便于就地查对审核调查资料，及时满足各地区、各部门所需的统计资料。其缺点是汇总层次较多，反复转录资料，发生登记性误差的可能性较大，而且费时较多，影响资料的时效性。

2）集中汇总

集中汇总是将全部调查资料集中到组织统计调查的最高一级机关或它

指定的机构统一汇总。其优点是：不经过中间环节，可大大缩短汇总时间，便于贯彻统一的汇总要求，适用于快速普查、快速电讯报告等资料的汇总。在有电子计算机的条件下，更能发挥集中汇总的优点，提高汇总资料的及时性和准确性。但集中汇总的缺点是原始资料如有差错，不能就地审核和更正，汇总的资料也不能及时满足各地区、各部门的需要。

3)综合汇总

综合汇总是对各级都需要的基本资料实行逐级汇总，对调查所得的其他资料则实行集中汇总。这种组织形式既能满足各级对统计资料的需要，又有利于节约时间，提高效率，是逐级汇总和集中汇总结合起来的一种组织形式。如我国第三次人口普查，就是首先将地方急需的总户数和总人数，以及按性别、文化程度和民族分组的人口资料进行逐级汇总，而将人口普查得到的其他资料交由省市和中央两级统计机构利用电子计算机进行集中汇总。

3.2 统计分组

3.2.1 统计分组的意义

统计研究的目的，在于反映所研究总体的状况和特征。统计为了认识总体，不仅要研究总体的一般特征，还需要对总体内所有单位在质量与数量上的差异进行分析。统计分组就是基于这种需要而产生的。

1)统计分组的概念

统计分组，就是根据统计研究的需要，按照一定的标志，将统计总体划分为若干个组成部分的一种统计方法。总体的这些组成部分，称为"组"，也就是大总体中的小总体。通过统计分组，使同一总体内的各单位在同一组的性质相同，不同组之间的性质相异。对统计总体进行的分组，是由统计总体中的各个总体单位所具有的"差异性"特征所决定的。统计总体中的各个单位，一方面，在某一个或几个标志上具有相同的性质，可以被结合在同一性质的总体中；另一方面，又在其他标志上具有彼此相异的性质，从而又可以被区分为性质不同的若干个组成部分。例如，在全国工业企业这个总体中，可以根据年产量或投资额等将工业企业划分为大型企业、中型企业和小型企业三个组；居民按居住地区，一般可以分为城市和乡村两组，等等。

可见,统计分组实质上是对统计总体内部进行的分类。它是统计研究最基本的方法之一,在统计工作中有重要作用。

2) 统计分组的作用

（1）区分社会经济现象的类型

社会经济现象是极其复杂多样的,客观上存在着各种不同的社会类型。各种不同类型的现象有着各自的运动形式和本质特征,由于受其内在规律所支配,决定了各类现象在规模、水平、速度、结构、比例关系等方面的数量表现有所不同或具有差异。利用统计分组,就能根据统计研究的目的,将现象区分为各种性质不同的类型来研究各类现象的数量差异和特征以及相互关系。例如,企业按所有制形式划分为国有企业、集体企业和其他经济类型企业,在此基础上,统计这三个类型组企业的有关指标数值,并加以比较分析,就可以反映出不同类型企业的数量特征及相互关系,充分揭示出各类企业的本质及其发展规律性。

（2）研究社会经济现象的内部结构

从数量上研究总体内部的结构是统计工作的重要任务。在分组的基础上,再进一步计算各部分占总体的比重来反映现象的内部构成,可以体现部分与整体、部分与部分之间的差别和相互联系,帮助人们掌握事物的特征,还可通过比较现象内部构成的动态变化,揭示出现象发展变化的过程和规律。

例如,我国人口就业结构的变化情况（如表 3.1 所示）,说明了三类产业结构的变化,反映了我国产业结构调整的进程。再将这一结构情况与其他国家相比较,还可以分析出我国人口的就业特点。

表 3.1　我国人口就业结构变化情况（%）

产业类别	2009 年	2010 年	2011 年	2012 年
第一产业	38.1	36.7	34.8	33.6
第二产业	27.8	28.7	29.5	30.3
第三产业	34.1	34.6	35.7	36.1

资料来源:国家统计局编《中国统计年鉴 2013》,中国统计出版社。

（3）分析社会经济现象之间的依存关系

社会经济现象之间都存在着不同程度的相互联系、相互制约的依存关系。例如,施肥量和亩产量,原材料消耗量与单位产品成本,商品销售量和商品价格之间都存在着一定的依存关系。同时,社会经济现象的数量变化又受自然、技术因素的影响。利用统计分组,可以揭示现象之间的联系和依存关系。在统计中,把表现事物发展变化原因的标志称作原因标志,而把表现事物发展结果的标志称作结果标志。通常,分析现象之间的依存关系,就是通过大量观察,用原因标志对总体单位进行分组,再计算结果标志的数值,借以说明两个标志的联系和方向,具体表明现象之间的相互依存关系的程度。例如,2014 年某地区部分商店按商品销售额分组的商品流通费用率资料如表3.2 所示。

表 3.2　2014 年某地区商店商品销售额和流通费用率资料

商店按商品销售额分组/万元	商店数/个	商品流通费用率/%
100 以下	12	9.7
100～300	10	8.6
300～500	13	7.5
500～700	9	6.5
700～900	8	5.7
900 以上	5	5.4

表 3.2 显示,商品销售额在 100 万元以下的企业,流通费用率为 9.7%;当商品销售额达到 900 万元以上时,其流通费用率仅为 5.4%。可见,随着商品销售规模的扩大,其流通费用率逐渐降低,两者表现出一种负依存关系。

以上统计分组的三个方面的作用往往是相互联系、相互补充的,在分析某个具体问题时,可以同时实现。

3.2.2　统计分组标志的选择

要充分发挥统计分组的作用,必须在正确的理论指导下,进行科学的分组。统计分组的关键在于分组标志的选择。所谓分组标志,就是将统计总体划分为几个性质不同部分的标准或依据。例如,工业企业可以按生产资料所有制或计划完成程度分组,则所有制或计划完成程度就是作为统计分组的标准,成为分组标志。如果分组标志选择不当,分组结果就难以正确反映总体的特征,就将失去分组的意义。分组标志选择的正确与否是统计分组能否充分发挥其作用的前提。同一总体由于选择的分组标志不同,对其认识可能会得出不同甚至相反的结论。因此,分组标志的选择一定要遵循以下几方面的原则:

1)根据统计研究的目的选择分组标志

对于同一总体,由于研究的任务和目的不同,须分别采用不同的分组标志。例如,对工业这个总体来说,当研究工业企业的规模结构时,应选择"生产能力"作为分组标志以说明大、中、小型企业的构成情况;而在研究工业内的部门结构时,则应按"部门"进行分类。根据不同的研究目的,选择合适的分组标志,才能使统计分组的资料更好地满足研究的需要。

2) 选择现象中最具有本质特征的标志作为分组标志

在总体的若干标志中,有的标志能够揭示总体的基本特征,是有决定性意义的标志;有的则是非本质的、无足轻重的标志。只有选择能说明问题本质的重要标志作为分组标志,才能得出反映问题实质的分组。如上例对企业规模的划分,就有许多标志,如企业职工人数、生产能力、固定资产等,但只有生产能力最能够综合企业多方面的因素,最好地体现企业规模的大小,因此,生产能力是划分企业规模大小的最具有本质特征的标志。

3) 要结合被研究现象所处的历史条件和经济状况选择分组标志

社会经济现象是随着时间、地点、条件的不同而经常发生变化的。同一分组标志,在某一时期适用,在另一时期就不一定适用;在某一条件下适用,在另一条件下就不一定适用。如研究工业企业的生产能力,在机械化程度低下的情况下,生产能力的大小主要取决于企业劳动力的数量,这时可以把职工人数作为分组标志;而在现代化工业企业中,随着机械化程度的提高,职工人数的多少不再是决定企业生产能力的最重要因素,而这时企业的固定资产才是最重要的因素,因此,固定资产成为研究工业企业生产能力的一个重要分组标志。以上就体现了分组标志在不同历史条件下的变化。然而,在同一历史条件下,在不同的经济部门或生产部门中,由于它们的经济条件不同,也必须分别对待。可见,选择分组标志不能千篇一律,一成不变,而要依一定的时间、地点、条件为转移,考虑研究对象所处的历史条件,选择的分组标志才有现实意义。

3.2.3 统计分组的方法

分组标志确定以后,接下来就是解决分组方法问题。根据分组标志的不同特征,统计总体可以按品质标志分组,也可以按数量标志分组。分组方法论就是阐述这两种分组的具体方法。

1) 按品质标志分组

按品质标志分组,就是根据统计研究的目的,选择反映事物属性差异的品质标志作为分组标志,在品质标志变异的范围内,划定各组的性质界限,将总体划分为若干个性质不同的组成部分。例如,研究国民经济总体时,可按"经济类型"分组,划分为国有经济、集体经济、个体经济、股份制经济等;按"国民经济部门"分组,划分为工业企业、商业企业、金融企业、乡镇企业等。再如,研究人口构成状况时,可按"性别"分组,划分为男和女;按"文化程度"分组,划分为大学及其以上、高中、初中、小学、半文盲和文盲。

按品质标志分组在有些情况下比较简单,分组标志一经确定,组名称和组数也就确定,不存在组与组之间界限区分的困难。例如,人口按性别分为男女两组,又如工业企业按经济类型分组。但在有些情况下,按品质标志分组显得比较复杂,组与组的界限不易划分。对这些复杂问题的分组,统计上称为分类。分类不仅涉及复杂的分组技术,而且也涉及国家的政策和科学理论,因而要十分慎重。为了保证各种分类的科学性、统一性和完整性,便于各个部门掌握和使用,国家统计局会同有关部门制定了统一的分类目录,在全国范围内实行。如商品分类目录、工业产品分类目录、工业部门分类目录等。

2)按数量标志分组

按数量标志分组,就是根据统计研究的目的,选择反映事物数量差异的数量标志作为分组标志,在数量标志值的变异范围内划定各组的数量界限,将总体划分为若干个性质不同的组成部分。例如,研究居民家庭贫富状况时,按恩格尔系数分组,可将其在60%以上的划分为贫困家庭,50%~60%的为温饱家庭,40%~50%的为小康家庭,40%以下的为富裕家庭。数量标志反映的是事物特定内容的数量特征,其概念是具体明确的。但按数量标志分组,并不是单纯地确定各组间的数量差异,而是要通过分组体现的数量变化来确定现象的不同性质和不同类型。因此,根据变量值的大小来准确划分性质不同的各组界限并不容易,这要求我们在按数量标志分组时,首先分析总体中可能有多少种性质不同的组成部分,然后再研究确定各组成部分之间的数量界限。

根据总体各单位某一数量标志值的变动特征,可供选择的分组方式有单项式分组和组距式分组两种。

(1)单项式分组

单项式分组即按每一个具体变量值对现象总体所进行的分组。如某企业工人按看管机器设备台数分组如表3.3所示。

单项式分组一般适用于离散型变量,且在变量值不多、变动范围不大的条件下采用。当离散型变量的变动范围比较大、单位数又很多的情况下,若采用单项式分组,把每一变量值作为一组,则必然会使分组的组数过多,各组分布的次数过于分散,不能反映总体内部各部分的性质和差异,从而失去统计分组的意义。例如,将全国所有城市按人口数进行分组,由于各城市人口差别很大,城市人口相同的情况几乎没有,就不存在单项式分组的问题。因此大多数的离散型变量采用组距式分组。至于连续型变量,由于其变量值无法一一列出,更不能采用单项式分组。这些情况就需要采用组距式分组方法。

表 3.3 某企业工人看管设备台数情况表

按工人看管机器台数分组/台	工人数/人	工人数比重/%
2	20	20
3	50	50
4	15	15
5	15	15
合　　计	100	100

(2)组距式分组

组距式分组即按变量值的一定范围对现象总体所进行的分组。在现象总体的变动范围内,将其划分为若干个区间,各区间内的所有变量值作为一组,其性质相同,组与组之间的性质相异。与单项式分组相比较,各组的变量值不是某一具体的值,而是一个区间。例如,企业按工人人数分组为:

100~499 人

500~999 人

1 000~1 999 人

2 000 人以上

又如,某企业工人按工资分组如表3.4所示。

组距式分组一般在变量值变动幅度较大的条件下采用。按组距式分组会使资料的真实性受到一些损害。如上例中工人工资 2 500~3 000 元有 120 人,这 120 人的实际工资可能情况是:大多数高于 2 500 元或大多数低于 3 000元或集中在 2 700 元左右或均分于 2 500~3 000 元。但按组距式分组这些情况都被掩盖了。在统计研究中,只好假定工资水平在各组内都是均匀分布的。这显然与客观实际情况是有矛盾的。

在组距式分组中,涉及组限、组数、组距、组中值等分组的技术问题。

组限:是用来表示各组之间界限的变量值,是决定事物质量的数量界限。其中,在每一组中最小的变量值为下组限,简称为下限;最大的变量值为上组限,简称为上限。如表3.4中,左栏数据都是组限,在第一组中"2 000 元"是下限,"2 500 元"是上限。

表3.4　某企业工人工资情况表

工人按工资分组/元	工人数/人
2 000~2 500	45
2 500~3 000	120
3 000~3 500	245
3 500~4 000	76
4 000~4 500	28
合　　计	514

　　组限的表达形式与变量的特点密切相关。如果分组标志是连续型变量,组限一般用重合式表达;如果分组标志是离散型变量,组限一般用不重合式表达。所谓重合式,就是相邻两组中,前一组的上限与后一组的下限数值相重叠。如上表中各组的组限 2 500 元、3 000 元、3 500 元、4 000 元,既作为前一组的上限,又作为后一组的下限。在分组时,凡遇到某单位的标志值刚好等于相邻两组上下限的数值时,一般按"上限不在本组内"的原则进行处理。所谓不重合式,是指前一组的上限与后一组的下限,两变量值紧密相连但不重叠。如企业按工人人数分组时,第一组的上限为 499 人,而第二组的下限为 500 人紧密相连,但不重叠。

　　组距:是指一组变量值的区间长度,也就是每一组的上限与下限之间的差,即"组距＝上限－下限"。组距式分组中,常常会遇见首末两组"开口"的情况,即用"×××以下"用"×××以上"表示最后一组,这些有上限无下限或有下限无上限的组,称为开口组。

　　组距式分组中,根据各组的组距是否相等可以分为等距分组和异距分组。各组组距都相等的分组称为等距分组,不等距则成为异距分组。采用等距分组还是异距分组,要根据研究目的和现象的特点来决定。等距分组时,由于组距相等,各组次数分布不受组距大小的影响,便于比较,有利于现象间依存关系的研究。一般情况下,多采用等距分组。

　　组数:即分组个数。在所研究总体一定的情况下,组数的多少和组距的大小是紧密联系的。一般说来,组数和组距成反比关系,即组数少,则组距大;组数多,则组距小。如果组数太大,组距过小,会使分组资料烦琐、庞杂,难以显示总体内部的特征和分布规律;如果组数太小,组距过大,可能会失去分组的意义,达不到正确反映客观事实的目的。在确定组距和组数时,应注意保证各组都能有足够的单位数,组数既不能太多,也不宜过少,以能充分体现现象的分布特征为宜。

组中值:即上下限之间的中点数值。经过组距式分组,各个单位具体标志值看不见了,只有这些标志值变化的区间。但是,在许多情况下,仅大概地了解这些标志值变化的区间是不够的,还需要确定一个能代表各组标志值一般水平的数值。这个数值就是组中值,它在统计分析中使用得很广泛。

在组距分组中,通常假定组距内的标志值是均匀分布的,则组中值的计算公式为:

$$重合式组限组的组中值 = \frac{上限 + 下限}{2}$$

$$非重合式组限组的组中值 = \frac{本组下限 + 后一组下限}{2}$$

当遇到开口组的情况时,其组中值以相邻组组距为依据计算,即

$$缺下限组的组中值 = 上限 - \frac{邻组组距}{2}$$

$$缺上限组的组中值 = 下限 + \frac{邻组组距}{2}$$

组中值是用来代表各组实际变量值的一般水平的,其前提条件是:各组的变量值在其组内是均匀分布的,或在组中值两侧呈对称分布。事实上,完全满足这一条件的可能性很小,所以组中值实际上只是各组变量值实际平均水平的近似代表值。编制组距数列时,应充分考虑到这一因素,尽可能减少其代表性误差。同时,为了计算的方便,应力求使组中值能取整数。

3.2.4 统计分组的形式

统计分组按其分组标志数目的多少及其排列形式,可以分为简单分组、复合分组和分组体系。

1)简单分组

对总体采用一个标志进行的分组称为简单分组。这种分组比较简单,它只能说明社会经济现象某一方面的状况。例如,表 3.4 中用"工资"对工人所进行的分组就是属于简单分组。

2)复合分组

对同一个总体采用两个或两个以上的标志结合起来所进行的分组,称为

复合分组。具体地说,它是先按一个标志分组,然后再按另一个标志将已分好的各组又划分为若干个组。复合分组的排列形式既可以是层叠式又可以是交叉式。例如,某高等学校在校学生可以按"学科类别",也可以按"学历层次"进行分组,如表 3.5 和表 3.6 所示。

表 3.5　2014 年某高等学校分科在校学生数(层叠式)

指　标	在校学生数/人
总　计	32 950
本　科	19 070
研究生	13 880
理　学	21 140
本　科	12 500
研究生	8 640
经济学	11 810
本　科	6 570
研究生	5 240
…	…

表 3.6　2014 年某高等学校分科在校学生数(交叉式)

	总计/人	理学/人	经济学/人	…
合　计	32 950	21 140	11 810	…
本　科	19 070	12 500	6 570	…
研究生	13 880	8 640	5 240	…

表 3.5 和表 3.6 的内容来自于同一现象总体,均为复合分组,只是排列的形式不同,一个为层叠式,一个为交叉式。在分组总体是一个(即全部本科、研究生在校学生数)的情况下,采用交叉式比较恰当,因为从纵横排列状况看,表 3.6 比表 3.5 均匀美观。

3)分组体系

分组体系,就是采用一系列相互联系、相互补充的标志对被研究总体分别进行的分组,这些相互联系和相互补充的分组,就构成了分组体系。应用分组体系,可以从不同角度、不同方面对某一社会现象作出比较全面的说明。如在研究企业生产情况时,可按生产能力、总产值、劳动生产率、单位原材料消耗量、利润等多种标志并列进行分组,从多方面反映企业的生产情况,从而得到全面的认识。

3.3 分配数列

分配数列是统计整理的一种重要形式,也是统计描述和统计分析的重要内容。它可以表明总体各单位的分布特征和内部结构,并为研究总体中某种标志的平均水平及其变动规律提供依据。

3.3.1 分配数列的概念和分类

分配数列又称分布数列、次数分布,是在统计分组的基础上,将总体的所有单位按组归类整理,形成总体中各单位数在各组间的分布。通过统计分组,可将总体中所有单位进行归类,各组分配的单位数叫作次数,又称频数;各组单位数占总体单位数的比重,又称频率。次数和频率从不同角度反映了各组标志值出现的频繁程度,说明总体各单位在各组间的分布状况。

根据分组标志类型的不同,分配数列可分为两种:一种是按品质标志分组而形成的品质分配数列,简称品质数列;二是按数量标志分组而形成的变量分配数列,简称变量数列。

变量数列按其分组方式不同又有两种,即按单项式分组而形成的单项式数列(如表 3.3)和按组距式分组而形成的组距式数列(如表 3.4)。

3.3.2 变量数列的编制

由于品质数列和单项式变量数列的编制相对比较简单,因此,我们着重研究组距式变量数列的编制方法和步骤。下面拟结合实例具体说明变量数列的编制过程。

例如,某班 40 名学生的数学考试成绩如下:

```
82  79  88  86  75  80  89  74  85  69
35  75  86  75  66  78  82  70  76  97
72  79  99  84  75  61  64  80  85  74
60  60  91  79  90  76  76  83  85  52
```

以上这些资料凌乱无章,很难从中看出什么特征,因而需要对其进行统计整理。首先,将这些资料按一定顺序进行排列,以便观察其变动范围。由

此得到:

35	52	60	60	61	64	66	69	70	72
74	74	75	75	75	75	76	76	76	78
79	79	79	80	82	82	82	83	84	85
85	85	86	86	88	89	90	91	97	99

经过初步整理,可以看出资料的某些特征:该班数学考试成绩分布在 35~99 分,最高分为 99 分,最低分为 35 分,全距为 64 分,波动幅度较大;多数学生的成绩集中在 70~90 分。

其次,确定数列的类型。由于变量值个数很多,因此,这一资料不适宜编制单项式数列,只能编制组距式数列。

最后,确定组距和组数。编制组距式数列的关键是确定组距和组数。通过分析资料的特点,参照前面所说一系列分组方法原理,我们可将组距定为 10 分,组数定为 5 组,于是各组就依次表现为 60 分以下,60~70 分,70~80 分,80~90 分,90~100 分等。计算每一组的学生数及其比重,就形成分配数列,见表 3.7。

表 3.7　学生按成绩分组表

学生按成绩分组/分	学生数/人	比重/%
60 以下	2	5.0
60~70	6	15.0
70~80	15	37.5
80~90	13	32.5
90~100	4	10.0
合计	40	100.0

分配数列的编制,特别是组距式变量数列的编制,其灵活性较大,即使对于同一研究目的和同一原始资料,由于研究者的认识水平和工作习惯不同,也会得出不同的结果。但必须强调,编制组距式变量数列一定要客观反映现象的总体特征。

3.3.3　分配数列的表示方法

分配数列是统计分组的一种重要形式,对于研究总体单位分布的状况和规律,有重要的意义。因此需要采用正确的具有综合性和总结性的方法加以反映。列表法和图示法就是常用的方法。

1) 列表法

列表法即用统计表格形式表述分配数列的内容,这种表式也叫作次数分布表,见表3.5、表3.7等。

为了便于分析问题和计算各种指标,需要列入累计次数和累计频率。现以上例资料说明如下:

表3.8 学生按成绩分组累计次数分布表

学生按成绩分组 /分	学生数/人	频率/%	向上累计		向下累计	
			次数	频率/%	次数	频率/%
60 以下	2	5.0	2	5.0	40	100.0
60~70	6	15.0	8	20.0	38	95.0
70~80	15	37.5	23	57.5	32	80.0
80~90	13	32.5	36	90.0	17	42.5
90~100	4	10.0	40	100.0	4	10.0
合计	40	100.0	—	—	—	—

向上累计是以变量值最小一组的次数为始点,逐项累计各组的次数和频率;每组的累计次数或累计频率,表示小于该组变量值上限的次数或频率合计有多少。向下累计则是从变量值最大一组的次数或频率开始,逐项累计各组的次数和频率;每组的累计次数或累计频率,表示大于该组变量值下限的次数或频率合计有多少。

2) 图示法

图示法即利用几何图形描述分配数列,以表明总体单位的分布状况和规律,这些图形也叫作次数分布图。

根据一定的次数分布表,可以绘制相应的次数分布图。最常用的有次数折线图和次数直方图。此外,还可以绘制累计次数分布图。绘制这类统计图的基本方法就是先画出直角坐标系,横轴代表各组的标志值或组距,纵轴代表各组次数或频率。必要时,以左侧的纵轴表示次数,而以右侧的纵轴表示频率。

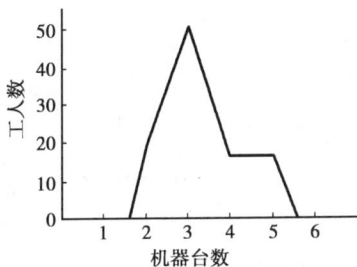

图3.1 次数折线图

（1）次数折线图

现以单项式变量数列为例,说明绘制方法。以变量值为横轴,以次数为纵轴,在坐标上找出各组的变量值和相应的分配次数所对应的坐标点,并用折线连接起来,即得到分布折线图。如图 3.1 就是根据表 3.3 绘制的次数折线图。

（2）次数直方图

在等距分组的条件下,图上横轴的划分应标明各组组限,以直方形的高度表示各组次数,其宽度与各组组距相适应,这样绘制的各直方图的面积可以用来表示各组次数的分布状况,称为次数直方图。

如果用直线连接直方图中各个直方形顶端的中点(即各组的组中值),并在直方图形左右侧各延伸一组,使折线与横轴相连接,即成次数折线图。在这种折线图的基础上,稍加修匀,即连接各组次数坐标点的线段用平滑曲线,就成为次数分布曲线图。图 3.2 就是根据表 3.7 绘制的次数直方图。

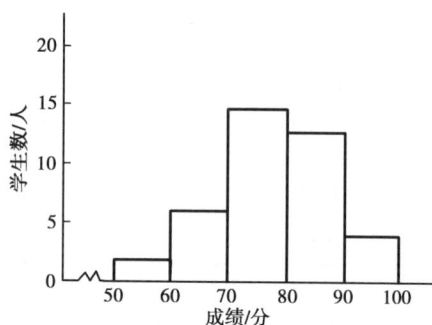

图 3.2　次数直方图

（3）累计次数分布图

这是根据累计次数分布表制成的,绘制方法与次数分布折线图基本相同,向上累计以各组上限为横坐标,向下累计以各组下限为横坐标,其纵坐标都是累计次数。如果纵轴采用百分数为单位,则可以制成累计百分数折线图。如图 3.3 就是根据表 3.8 绘制的。

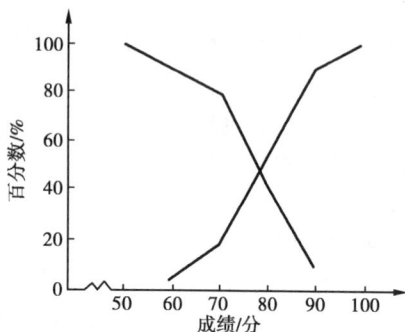

图 3.3　累计百分数折线图

（4）次数分布曲线图

由上述变量数列的图示法可以看出,当变量数列的组数无限增多时,折

线近似地表现为曲线。社会经济现象的次数分布曲线多种多样,人们通过长期观察和总结,将其归纳为三种类型:

①钟形分布。如果一个次数分配数列呈现这样的特征:较大变量值和较小变量值的分布次数都较少,中间变量值分配次数较多,绘制成的曲线图形状宛如一口古钟,这时就可以称该现象的次数分布为钟形分布,如图3.4的(a)所示。在社会经济现象中,钟形分布许多是表现为对称分布。对称分布的特征是中间变量值分布的次数最多,以标志变量中心为对称的。两侧变量值分布的次数随着与中间变量值距离的增大而渐次减少,并且围绕中心变量值两侧呈对称分布,这种分布在统计中称为正态分布。前面关于学生成绩的举例以及其他如农作物的单位面积产量、工业产品的物理化学质量指标、商品市场价格等就是属于这种类型。正态分布在社会经济统计学中具有重要意义。

②U形分布。U形分布的特征与钟形分布恰恰相反,靠近中间的变量值分布的次数少,靠近两端的变量值的次数多,形成“两头大,中间小”的U字形分布。如人口死亡现象按年龄分布。由于人口总体中幼儿和老年死亡人数较多,而中年死亡人数最少,因而死亡人数按年龄分组便表现为U形分布。如图3.4的(b)所示。

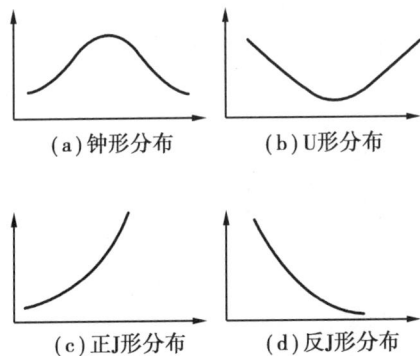

图 3.4　次数分布类型

③J形分布。J形分布有两种情况:次数随变量值的增大而增多,绘成的曲线图形如英文字母“J”,称为正J形分布,例如,投资按利润率大小分布,如图3.4的(c)所示;次数随变量值增大而减少,绘成的曲线图犹如反写的英文字母“J”,称为反J形分布,例如,人口总体按年龄大小分组的分布,如图3.4的(d)所示。

了解这些分布状态,将有助于进一步认识事物的本质及其发展变化的规律性。

3.4 统 计 表

经过统计整理以后的统计资料包括两方面的内容,即数据资料和相关的文字资料。其中,数据资料的条理化、科学化往往通过统计表显示出来,因此,统计表就成为显示统计数据的重要工具。

3.4.1 统计表的概念和构成

所谓统计表是把统计数据按照一定的结构和顺序,用表格显示出来的一种形式。统计表的运用范围极其广泛,其主要优点是:能使统计资料条理化,更清晰地表述统计数据之间的相互联系;统计数据的显示简明易懂;便于计算和比较表内的各项统计指标,并易于检查数字的完整性和正确性。

统计表的结构,从它的外表形式看,是由纵横交叉的线所组成,包括总标题、横标目、纵标目和统计数字等四个基本要素,如表 3.9 所示。

1)总标题

它是统计表的名称,用以概括说明整个表的内容,一般位于表的上方居中。

2)横标目(也称横行标题)

它是横行内容的名称,代表统计表所要说明的对象,通常也称为主词,一般列在表内的左边。

3)纵标目(也称纵栏标题)

它是纵栏内容的名称,是用来说明主词情况的统计指标名称。通常也称为宾词,一般列在表内的上方。

4)统计数字

它是各项指标的具体数值,内容由横标目和纵标目所限定,其数字可以是绝对数、相对数或平均数。

从统计表的内容看,包括主词和宾词两个部分。主词就是统计表所要说明的总体、总体的各个组或各个单位的名称。宾词是用来说明主词的各种指标。在通常情况下主词列在表的左方,即列于横行;宾词列在表的上方,即列于纵栏。但这样排列如果使统计表的表式过分狭长或过分宽短时,也可以将主词宾词合并排列或变换位置排列。

表 3.9

2014年某地区外商投资情况

单位:万美元

	合同外资金额	实际使用外资
总　计	3 979 712	2 510 273
一、外商直接投资	3 948 905	2 470 301
二、外商其他投资	30 807	39 972

（总标题 / 纵栏标题（纵栏标目）/ 统计数字 / 横行标题（横行标目）/ 主词栏 / 宾词栏）

资料来源:国家统计局编《中国统计年鉴 2013》,中国统计出版社。

3.4.2 统计表的种类

为了更好地发挥统计表在统计数据方面的作用,可以选择不同标志对统计表进行分类。

1) 调查表、汇总表和分析表

统计表按作用不同,可以分为调查表、汇总表和分析表。调查表是在统计调查中用于登记、搜集原始资料的表格;汇总表是用于统计资料整理、汇总的表格;分析表是用于统计分析的表格。

2) 简单表、分组表和复合表

统计表按对总体分组的情况不同,可以分为简单表、分组表和复合表。简单表是指对总体未做任何分组,仅按单位名称或时间顺序排列而成的统计表,如表 3.8。分组表又称简单分组表,是对总体单位按一个标志进行分组而形成的统计表,如表 3.7。利用分组表可以深入分析现象的内部结构和现象间的相互依存关系。复合表又称复合分组表,是对总体单位按两个或两个以上的标志进行交叉重叠而形成的统计表,如表 3.6。复合表可以反映研究现象受几种因素的共同影响而发生的变化。

3.4.3 统计表的编制规则

为了使统计表能够更好地反映被研究现象的数量特征,便于比较分析,在设计和填写统计表时必须遵循以下的规则:

①统计表的设计要根据内容通盘考虑表的布局,力求做到科学、实用、简练、美观。

②统计表的各种标题,特别是总标题的表达,应十分简明、确切,概括地反映出表的基本内容。总标题还应标明资料所属的时间和地点。

③统计表的纵栏、横行的排列要尽量反映出内容方面的逻辑关系。

④如果统计表的栏数较多,通常要加以编号。主词栏用甲、乙、丙等文字编号,宾词栏常用数字编号。

⑤表中的数字应该填写整齐,对准位数。当数字为 0 或因数小可略而不计时,要写上 0;不应填写的数字的空格用"—"线表示;未发生的数字空着不填;估算的数字应在表下说明;无法取得的资料用"⋯"号表示;如果某项数字与邻项数字相同,仍应填写数字,不得用"同上""同左"等字样代替。

⑥统计表中必须注明数字资料的计量单位。当全表只有一种计量单位时,可以把它写在表头的右上方。如果表中需要分别注明不同单位时,横行的计量单位可以专设一栏;纵栏的计量单位,要与纵栏标目写在一起,用小字标明。

⑦表的上下两端用粗线,左右两边不封口;纵栏之间用细线分开,横行之间可以不加线。如果横行过多,也可以每五行加一细线。

⑧统计表的资料来源及其他需要说明的问题,可在表下加以注明。

编制实用、美观的统计表,关键在于实践,通过经常观察,动手绘制,才能熟练掌握。

【本章小结】

统计整理是根据统计研究的目的要求,对统计调查所得的原始资料进行科学的分类、汇总,或对已初步加工的资料进行再加工,使之成为系统化、条理化的综合资料,以反映现象总体特征的工作过程。其内容包括对资料的审核、分组、汇总和编制统计表等几个主要环节。资料审核主要审核完整性、及时性和准确性,其准确性是重点。资料汇总主要有手工汇总和计算机汇总。统计整理的组织形式主要有逐级汇总和集中汇总,也有两者的综合汇总形式。

　　统计分组就是根据统计研究的需要，按照一定的标志，将统计总体划分为若干个部分的一种统计方法。其作用主要是区分社会经济现象的类型，研究社会经济现象总体的内部结构，分析社会经济现象之间的依存关系。这三者之中，研究社会经济现象总体的内部结构是最基本的，区分社会经济现象的类型是反映现象总体内部结构的特例，分析社会经济现象之间的依存关系是反映现象总体内部结构的扩展。

　　选择分组标志是统计分组的关键，一般要考虑统计研究的目的、现象的本质特征及其所处的历史条件。分组标志一经确定，就突出了总体在此标志下的差异，而掩盖了总体在其他标志下的差异。按品质标志分组有的比较简单，有的比较复杂。按数量标志分组并不是单纯地确定各组之间的数量差异，而是要通过分组体现现象内部的不同性质和不同类型。按数量标志分组有两种方法，一种是单项式分组，另一种是组距式分组，前者在特殊情况下使用，后者运用范围广泛。组距式分组要解决好组限、组距、组数和组中值等分组的技术问题。统计分组有简单分组、复合分组和分组体系。

　　分配数列是在统计分组的基础上形成的，是反映总体单位在各组中分布状况的统计数列。它可以是品质数列，也可以是变量数列。变量数列可以编制成次数分布表和分布图。次数分布一般有钟形分布、U 形分布和 J 形分布三种类型。

　　统计表是把统计数据按照一定的结构和顺序，用表格显示出来的一种形式。它具有突出的优点，运用相当广泛。统计表是由总标题、横标目、纵标目和统计数字等四部分构成，可分为调查表、汇总表和分析表及简单表、分组表和复合表等类型。编制统计表还必须注意编制规则，这是正确使用统计表的关键。

【思 考 题】

　　1.什么是统计整理？它在统计研究中的地位如何？

　　2.统计整理的基本内容有哪些？

　　3.如何进行统计资料的审核与汇总？

　　4.什么是统计分组？为什么说统计分组的关键在于分组标志的选择？如何正确选择分组标志？

　　5.统计分组有哪几种方式？它们各有什么运用条件和特点？

　　6.组距式分组涉及哪些分组要素，如何确定？

　　7.什么是分配数列？它有哪些种类？

　　8.简述变量数列及其编制方法。

9.累计次数有哪几种？它们各有什么作用？

10.频数和频率在分配数列中的作用如何？累计次数和累计频率的应用意义何在？

11.社会经济现象次数分布有哪些主要类型？分布特征如何？

12.统计表在结构与内容上包括哪几个方面？

13.统计表的编制规则如何？

【练习题】

1.有 20 个工人看管机器台数如下：

$$5\quad 2\quad 2\quad 4\quad 4\quad 3\quad 2\quad 2\quad 3\quad 6$$
$$4\quad 3\quad 2\quad 3\quad 3\quad 5\quad 4\quad 4\quad 4\quad 3$$

试编制分配数列。

2.某企业同工种的 40 名工人完成生产定额百分数如下：

104	127	119	154	96	107	126	95	105	87
115	114	129	103	112	96	125	119	92	142
97	89	137	120	134	124	115	113	108	104
110	108	117	146	123	109	126	100	101	118

根据上述资料,试编制分配数列,进一步编制累计次数和累计频率数列,并绘制统计图。

第 4 章
综 合 指 标

【学习目标】

通过本章学习,理解总量指标、相对指标、平均指标的概念和作用及其分类。掌握各种总量指标、相对指标、平均指标的计算方法。了解标志变异指标的意义和作用,掌握其计算方法。

4.1 总量指标

4.1.1 总量指标的概念与作用

用以概括和分析社会经济现象总体的数量特征和数量关系的统计指标叫综合指标。综合指标按其表现形式不同可分为总量指标、相对指标和平均指标。

总量指标是反映社会经济现象总体规模大小或水平高低的统计指标。通常用绝对数表示,所以又称为绝对数或绝对指标。

总量指标是社会经济统计中最基本的指标,是用来反映一个国家的国情和国力,反映一个地区、部门或单位的规模、水平、基本经济状况和经济实力的指标。如一个国家的粮食总产量、国民生产总值、国民收入等,一个地区的商品销售额,一个企业的职工人数、工业总产值等。总量指标又是制定政策、编制计划、进行科学管理的重要依据,还是计算相对指标和平均指标的基础。

4.1.2 总量指标的分类

1)按其说明的总体内容不同分类

(1)总体单位总量

总体单位总量是总体中单位数之和,说明总体本身规模的大小。如企业数、人口数等。

(2)总体标志总量

总体标志总量是总体中各个单位某一数量标志值的总和,简称标志总量。如工业总产值、工资总额等。

2)按其反映的时间状况不同分类

(1)时期指标

时期指标是反映社会经济现象在一段时期内发展变化的总数量。如产品产量、工资总额、销售额等。时期指标有以下特点:

①时期指标可以累计相加。累加结果表示一段时期内事物发展的总数量。如某产品月产量是该月每日产量之和。

②时期指标数值的大小与时期的长短有着直接的关系。时期越长,指标数值越大,反之,则越小。如一年的产量要大于该年每个月的产量。

③时期指标的数值是通过连续不断登记取得的。

（2）时点指标

时点指标是反映社会经济现象在某一时刻状况的总量指标。如人口数、商品库存量、企业数等。时点指标有以下特点:

①时点指标不能累计相加,累加结果没有独立的经济意义。如某企业年初职工人数为 500 人,一月末为 520 人,二月末为 530 人,三月末为 540 人,不能将这 4 个时点指标相加作为该企业一季度的全部职工人数来反映其规模。

②时点指标数值的大小与其时间间隔长短无关。如某种物资的库存量多少只与物资的购进、发出等有关,与时间间隔无关。

③时点指标的数值是对现象作一次性调查而确定的。

4.1.3 总量指标的计量单位

1）实物单位

实物单位是根据事物的自然属性和特点而采用的计量单位。具体包括以下几种:

（1）自然单位

自然单位是指按照社会经济现象的自然状况来量度其数量的计量单位。如人口以"人"、汽车以"辆"为计量单位等。

（2）度量衡单位

度量衡单位是指按统一的度量衡制度的规定来量度社会经济现象的计量单位。如棉布以"米"为计量单位,木材以"立方米"为计量单位等。

（3）标准实物单位

标准实物单位是指以统一的折算标准量度社会经济现象的计量单位。如将多种不同含量的化肥折算为含量为 100% 的化肥。

（4）双重单位

有些事物用一种计量单位不能准确地反映其真实的规模水平,需要同时用两个计量单位分别反映,这种计量单位叫双重单位。如电动机以"kW/台"来计量。

（5）复合单位

复合单位是把两种计量单位有机结合在一起表示事物数量的计量单位。如参观人数以"人次"表示等。

2）货币单位

货币单位是以货币为价值尺度来量度社会财富或社会成果的计量单位。如工业总产值、国民生产总值、资金占用额等都是以货币单位计量的。以货币单位计量的总量指标具有广泛的综合性和概括能力。

3）劳动单位

劳动单位是用劳动时间来表示的一种计量单位，如"工时""工日"等。采用劳动单位有利于编制和检查生产作业计划、计算劳动定额。但一般只限于企业内部使用。

4.1.4　计算和应用总量指标应注意的问题

①统计总量指标时要有明确的统计含义、范围和计算方法。统计指标的含义包括指标的内涵和外延两个方面。只有明确了总量指标的含义，才能正确地划分它的范围，正确地决定它的计算方法，进而才能正确地计算总量指标。例如，在计算工业总产值时，首先要明确工业的范围，其次要明确工业总产值包括的项目以及所采用的价格等，否则就不可能统计出准确的工业总产值。因此，一定要根据研究目的，统一规定指标的含义，采取明确而合理的计算方法。

②必须弄清统计对象是属于时期指标还是时点指标。

③在计算实物指标时，应注意现象的同类性。只有同类现象才能计算实物总量，而同类性是由事物的性质所决定的。例如，钢材和水泥的性质不同，就不能将它们混在一起计算实物总量，而原煤、原油、天然气等各种不同的能源由于使用价值相同却可以折算为标准能源计算总量。

④要统一计量单位。对于同一个总量指标在不同的时间、地点、单位进行计量时，其计量单位应当一致。不一致时，应进行换算使之统一，以便于对比和分析。

4.2 相对指标

4.2.1 相对指标的概念和作用

相对指标是两个有联系的指标数值之比,其数值表现为相对数,所以也称为相对数。

相对指标有有名数和无名数两种表现形式。有名数主要用来表现强度相对指标的数值,它是以相对指标中分子与分母指标数值的双重计量单位来表示的。如人口密度用"人/平方千米"表示。在相对指标中,大量的是以无名数表示的。无名数是一种抽象化的数值,常以系数、倍数、翻番数、成数、百分数(%)等表示。系数和倍数是将对比的基数抽象化为 1 而计算的相对数。两个指标对比,其子项和母项指标数值相差不大时常用系数,当子项较母项大得多时常用倍数。翻番数是指两个相比较的数值中,一个数是另一个数的"$2m$"倍,则 m 是番数。例如,某地区 2010 年的国内生产总值为 220 亿元,计划 2020 年翻一番,则该地区 2020 年的国内生产总值应达到 440 亿元;若计划翻两番,则为 880 亿元;翻三番为 1 760 亿元。成数是将对比的基数抽象化为 10 而计算的相对数。百分数是将对比的基数抽象化为 100 而计算的相对数。

相对指标能够说明总量指标难以说明的问题,使一些无法直接对比的统计指标找到共同对比的基础,把绝对数加以抽象化,可以进行科学的对比分析。

4.2.2 相对指标的种类和计算方法

相对指标由于对比的基础不同,就存在不同的相对指标。常用的相对指标有计划完成程度相对指标、结构相对指标、比例相对指标、比较相对指标、动态相对指标和强度相对指标。

1)计划完成程度相对指标

(1)计划完成程度相对指标的概念及计算方法

计划完成程度相对指标是反映实际完成数与计划任务数之间数量对比关系和数量对比程度的相对指标,它表明实际完成计划的程度,其计算的基

本公式为:

$$计划完成程度相对指标 = \frac{实际完成数}{计划任务数} \times 100\% \qquad (4.1)$$

公式中的分母是计划指标数值,分子是对实际情况统计得到的数据。计算该指标时,要求分子、分母在指标含义、计算口径、计算方法、计量单位、时间长度、空间范围等方面完全一致。同时,由于计划任务数是作为衡量计划完成情况的标准。因此,分子、分母不允许互换,一般用百分数表示。

例如,某企业某年计划规定工业总产值为 5 091 万元(按现行价格计算),实际达到 5 178 万元(按现行价格计算),则该企业该年度的工业总产值计划完成程度为:

$$工业总产值计划完成程度相对指标 = \frac{5\ 178}{5\ 091} \times 100\% = 101.71\%$$

在用计划完成程度相对数检查计划执行情况时,不仅要从相对数观察计划的完成程度,还应看计划完成程度产生的经济效果。其做法是用实际完成数减去计划任务数求得。如上例,工业总产值计划超额完成 1.71%,则使工业总产值增加了 87 万元。在实际应用上,因计划数可能有三种情况,即总量指标、相对指标、平均指标,故计划完成程度相对指标的计算也有三种具体形式。

①当计划数为总量指标时,计划完成程度相对指标的计算公式为:

$$计划完成程度相对指标 = \frac{实际水平}{计划水平} \times 100\% \qquad (4.2)$$

它一般适用于考核社会经济现象的规模或水平的计划完成情况,如上例。

②当计划数为平均指标时,计划完成程度相对指标的计算公式为:

$$计划完成程度相对指标 = \frac{实际完成水平}{计划任务水平} \times 100\% \qquad (4.3)$$

例如,某企业生产甲产品,计划每人日均产量 40 件,实际每人日均产量 50 件,则

$$计划完成程度相对指标 = \frac{50}{40} \times 100\% = 125\%$$

③当计划数为相对指标时,计划完成程度相对指标的计算公式为:

$$计划完成程度相对指标 = \frac{实际完成数}{计划任务数} \times 100\% \qquad (4.4)$$

例如,某企业 2014 年规定工业总产值比上年提高 8%,实际执行结果比上年提高 12%。假设该企业 2013 年工业总产值为 a_0,则 2014 年工业总产值计划数就为 $a_0(1+8\%)$,实际数为 $a_0(1+12\%)$,那么

工业总产值计划完成程度相对指标 $= \dfrac{1 + 12\%}{1 + 8\%} \times 100\% = 103.70\%$

通过计算结果表明,该企业工业总产值实际比计划超额完成 3.7%,即 $103.7\% - 100\% = 3.7\%$。

再如,某企业计划规定 2014 年的可比产品成本比 2013 年降低 5%,实际执行结果可比产品成本比上年降低 6%,则可比产品成本计划完成情况为:

计划完成程度相对指标 $= \dfrac{1 - 6\%}{1 - 5\%} \times 100\% = 98.95\%$

应当指出,这里下达的计划数是以比上期增长或降低百分之几的形式出现的,计算时不能用实际增长率(或降低率)除以计划增长率(或降低率),而应包括原有基数 100% 在内。

此外,对计划完成情况的评价,应当注意计划指标的性质和要求。当计划指标是以最低限额规定的,如产品产量、产值、利润等,计划完成程度相对指标要大于 100% 才算超额完成计划;当计划指标是以最高限额规定的,如产品成本、原材料消耗量等,则计划完成程度相对指标要小于 100% 才算超额完成计划。

(2)检查长期计划执行情况的方法

在实践中还要对长期计划执行情况进行检查分析。由于长期计划规定的指标要求不同,故检查计划执行情况的方法有水平法和累计法两种。

①水平法。如果只规定事物在计划末期应达到的水平,则用水平法检查计划完成情况。其计算公式为

长期计划完成程度相对指标 $= \dfrac{\text{长期计划末期实际达到的水平}}{\text{长期计划规定的末期水平}} \times 100\%$

$$(4.5)$$

采用水平法检查计划执行情况,只要连续一期(如一年)的时间,实际完成的水平达到了计划末期(年)水平,就算完成了计划。例如,在五年计划期间,于第四年的五月份至第五年的四月份实际完成累计数达到了计划要求最后一年的水平,就视作完成了五年计划,且提前 8 个月完成五年计划。

②累计法。如果规定在整个计划期间累计应完成的工作量或累计应达到的水平,则用累计法检查计划执行情况,其计算公式为:

长期计划完成程度相对指标 $= \dfrac{\text{长期计划期间实际完成的累计数}}{\text{长期计划规定累计数}} \times 100\%$

$$(4.6)$$

采用累计法检查计划执行情况,是将计划期的全部时间减去自执行计划之日起至累计完成计划的时间。例如,某企业基本建设五年计划为累计完成

投资额 1 000 万元,若从五年计划的第一年起,至第五年的五月末止,实际完成的基本建设投资额已达到五年计划规定的累计数 1 000 万元,就算完成了五年计划,且提前 7 个月完成了计划。

2)结构相对指标

结构相对指标是总体的各组数值与全部总体数值之比,表明构成事物总体的各个组成部分在总体中所占的比重,说明总体结构。其计算公式为:

$$结构相对指标 = \frac{总体部分数值}{总体全部数值} \qquad (4.7)$$

结构相对指标一般用百分数或系数来表示,各部分占总体的比重之和必须等于 100%或 1。

例如,我国 2012 年国内生产总值为 518 942.1 亿元,其中第一产业增加值 52 373.6 亿元,第二产业增加值 235 162.0 亿元,第三产业增加值 231 406.5 亿元,则第一、第二、第三产业增加值在全国国内生产总值中所占的比重分别为:

第一产业 $\quad \dfrac{52\ 373.6}{518\ 942.1} \times 100\% = 10.09\%$

第二产业 $\quad \dfrac{235\ 162.0}{518\ 942.1} \times 100\% = 45.32\%$

第三产业 $\quad \dfrac{231\ 406.5}{518\ 942.1} \times 100\% = 44.59\%$

结构相对指标必须以科学的统计分组为基础,才能起到揭示现象的本质特征和变化趋势的作用。其主要作用表现在以下几个方面:

①利用结构相对指标可以反映总体内部构成的性质和特征。例如,某工业企业某年的产品销售构成如表 4.1 所示。

表 4.1　某企业某年产品销售构成

按内外销分组	销售量/台	比重/%
内销	20 000	20
外销	80 000	80
合计	100 000	100

从表 4.1 可以看出,该企业的产品销售以外销为主,表明该企业在开拓国际市场方面取得显著的成绩。

②通过不同时期结构相对指标的变动情况,可以反映事物的发展变化趋

势。例如,上例中某工业企业 2010—2013 年产品内外销比重的变化情况如表 4.2 所示。

　　③还可以用来反映事物总体的质量和工作质量,反映人力、物力、财力的利用程度情况。如产品合格率反映工业企业生产过程的工作质量;出勤率、设备利用率、资金利用率分别反映企业人力、物力、财力的利用程度。

表 4.2　某企业 2010—2013 年产品销售构成

	2010		2011		2012		2013	
	销量/台	比重/%	销量/台	比重/%	销量/台	比重/%	销量/台	比重/%
内销	42 000	70	35 000	50	28 000	35	20 000	20
外销	18 000	30	35 000	50	52 000	65	80 000	80
合计	60 000	100	70 000	100	80 000	100	100 000	100

3)比例相对指标

　　比例相对指标是反映总体内部各组成部分之间的数量对比关系的相对指标。它表明总体内部在数量上的比例。表现形式除系数、百分数外,还常用几比几的形式,其计算公式为:

$$比例相对指标 = \frac{总体部分数值}{总体另一部分数值} \tag{4.8}$$

　　例如,我国 2012 年第一、第二、第三产业增加值的比例相对指标为:

$$52\ 373.6 : 235\ 162.0 : 231\ 406.5 = 1 : 4.49 : 4.42$$

　　比例相对指标能够反映事物内部各部分之间的数量联系程度和比例关系。社会经济生活中的许多重大比例关系,诸如人口的性别比例关系,积累和消费的比例关系,第一、第二、第三产业的比例关系等,都可以通过计算比例相对指标来反映。经常不断地研究和分析这些比例关系,有利于发现、研究社会经济发展的规律。

4)比较相对指标

　　比较相对指标是指反映同类现象在不同地区或不同部门、单位之间的数量对比关系的相对指标。它表明同类现象在不同空间条件下的数量对比关系,常以系数、倍数、百分数的形式表示,其计算公式为:

$$比较相对指标 = \frac{某条件下的某类指标数值}{另一条件下的同类指标数值} \tag{4.9}$$

　　例如,甲企业某年末职工人数为 4 679 人,乙企业同期职工人数为 10 528

人。则甲企业职工人数为乙企业职工数的百分比 = (4 679/10 528)×100% = 44.44%;乙企业职工人数是甲企业职工人数的倍数 = (10 528/4 679) 倍 = 2.25倍。

比较相对指标所对比的指标可以是总量指标、相对指标或平均指标。在经济工作中,把企业的各项技术经济指标与同类企业的先进水平对比,与国家规定的质量标准对比,与国外的先进水平对比,可以找出差距,促使企业采取改进措施,提高产品质量,提高企业的经营管理水平,增加企业的经济效益。也可用于不同国家、地区的比较,先进与落后的比较,以揭示同类现象的差异程度。

5)动态相对指标

动态相对指标是指同类现象在不同时间上的对比关系,用以反映现象在时间上发展变化的方向和程度,也称为发展速度指标。常用百分数和倍数表示,其计算公式为:

$$动态相对指标 = \frac{报告期水平}{基期水平} \tag{4.10}$$

在计算中,把作为比较标准(母项)的时期定为基期,把与基期对比的时期(子项)定为报告期。

例如,我国的汽车产量 2012 年为 1 928 万辆,2011 年为 1 842 万辆,则

$$动态相对指标 = \frac{1\ 928}{1\ 842} \times 100\% = 104.7\%$$

表明我国 2012 年汽车产量为 2011 年的 104.7%或 1.047 倍。

关于动态相对指标,还将在第 5 章中作详细介绍。

6)强度相对指标

强度相对指标是指反映两个性质不同但有一定联系的总量指标之间的数量对比关系,表明现象强度、密度和普遍程度的综合指标。例如,以人口数和土地面积对比得到的人口密度指标,以主要产品产量与人口数对比得到的人均产量指标等,均为强度相对指标。强度相对指标一般用复名数表示,由分子、分母的原有计量单位组成,其计算公式为:

$$强度相对指标 = \frac{某一总量指标数值}{另一有联系而性质不同的总量指标数值} \tag{4.11}$$

例如,2012 年末我国总人口为 135 404 万人,则

$$人口密度 = \frac{135\ 404\ 万人}{960\ 万\ km^2} \approx 141\ 人/km^2$$

有些强度相对指标有正逆两种形式（当分子和分母可以互换时）。凡与强度相对指标的数值大小与现象的发展程度或密度成正比例的叫正指标；凡与现象发展程度或密度成反比例的叫逆指标。例如，每千人拥有的医生人数，是正指标；而每一医生服务的人数，是逆指标。

需要指出，计算强度相对指标，必须注意社会经济现象之间的内在本质联系。这样，两个总量指标对比才有现实的经济意义。如钢产量与人口数对比，能够说明人均钢产量，但若与土地面积对比，就没有意义了。

4.2.3　计算和应用相对指标的原则

1) 正确地选择基数指标（母项）

相对指标是通过指标与指标的对比来反映现象之间的联系的。而基数（母项）是对比的基础和标准，基数选择不当，就会使指标没有实际意义。基数的选择必须从统计研究的目的出发，结合研究对象的性质、特点和现象之间的关系加以确定。如要对比蔬菜、水果的销售量这样一些季节性强的指标时，就要考虑到淡季与淡季比，旺季与旺季比，今年与去年同期比，这样才合理、才有实际意义。

2) 严格保持分子、分母的可比性

可比性是指对比的指标所包含的经济内容、统计范围、计算方法、计算价格、所属时间等方面是否可比。例如，我国原来统计的国民收入指标与其他国家统计的国内生产总值指标，在统计范围上就不一致，不能直接对比。因此，我国在新的国民经济核算体系中建立了"国内生产总值"指标，取代原来的"国民收入"指标，增强了国际间可比性，它既可以用于国内考核，又可用于国际对比。再如，在对比工业总产值指标时，要注意价格的可比性，因为工业总产值指标可同时分别采用现行价格和不变价格，而不变价格在不同时期也是不同的，这就需要调整或换算之后才能对比。

3) 要注意相对指标和总量指标的结合运用

这是因为相对指标是由两个指标对比而得的，不能反映现象的绝对量的差别。所以，在应用相对指标分析问题时，应与计算相对指标所依据的总量指标联系起来观察，与对现象绝对差距的分析结合起来。例如，在计算计划完成程度相对指标的同时，要计算超额（或欠额）完成的绝对值（实际完成数−计划任务数）；在计算动态相对指标时，要同时计算增长量或每增长 1%

的绝对值等。

4)应注意根据需要把各种相对指标结合起来运用

任何事物都有多方面的数量关系,一种相对指标只能反映现象某一方面的数量关系,要想较全面地认识一个复杂现象,就应将许多指标结合起来运用,才能较全面地反映其全貌。例如,考察某企业的产品生产情况,不仅要看产量计划的完成情况,还要看生产发展速度等。

4.3 平均指标

4.3.1 平均指标的概念和作用

1)平均指标的概念

平均指标是指综合反映社会经济现象总体的一般水平的统计指标。其数值表现为平均数,所以也称为平均数。它的计量单位和标志值的计量单位是一致的。就社会经济现象变量数列的分配情况看,通常是接近平均数的标志值居多,而远离平均数的标志值居少;与平均数离差越小的数值次数越多,而离差越大的数值次数越少,形成正离差与负离差大体相等,整个变量数列以平均数为中心而波动。所以,平均数反映了总体分布的集中趋势,它是总体分布的重要特征值。

2)平均指标的作用

①利用平均指标可以对同类现象进行单位间、地区间、国家间的比较,以显示其生产水平的高低和经济效果的大小。因为平均数是个代表值,不仅使标志值间的离差相互抵消,而且消除了总体单位多少的影响,使之可以进行比较。

②利用平均指标可以说明现象的发展趋势。将反映某一现象在各时间水平的平均数按时间顺序加以排列,可以说明现象发展变化的趋势。

③是制定各项定额的依据之一。

④平均指标还可用于计算其他有关指标。如本节将要讲到的平均差、标准差、离散系数的计算都离不开平均指标。

平均指标按计算方法的不同分为:算术平均数、调和平均数、几何平均数、众数和中位数。

4.3.2　算术平均数

算术平均数是总体各单位标志值之和除以总体单位数所得的商,其计算
公式为:

$$算术平均数 = \frac{总体各单位标志值之和}{总体单位数} \qquad (4.12)$$

必须注意,公式中的分子、分母应属于同一总体,且分子、分母应具有可
比性。

算术平均数根据掌握的资料不同和计算的复杂程度,可分为简单算术平
均数和加权算术平均数。

1) 简单算术平均数

根据未分组的资料,将各单位标志值(变量值)直接相加,再除以总体单
位数,所得的平均数叫简单算术平均数,其计算公式为:

$$\bar{x} = \frac{x_1 + x_2 + x_3 + \cdots + x_n}{n} = \frac{\sum x}{n} \qquad (4.13)$$

式中　$\bar{x}$——平均数;

x——标志值(变量值);

n——总体单位数(变量的个数)。

例如,某班组有 6 名工人生产甲零件,其日产量分别为 22,24,25,27,28,
30 件,求工人的平均日产零件数。

$$\bar{x} = \frac{22 + 24 + 25 + 27 + 28 + 30}{6} 件 = 26 件$$

2) 加权算术平均数

对于已分组的资料,计算算术平均数时,需要采用加权算术平均法,用变
量值乘以各组的单位数(次数),再求和,然后再除以各组单位数之和,所得
的平均数就是加权算术平均数。其计算公式为:

$$\bar{x} = \frac{x_1 f_1 + x_2 f_2 + x_3 f_3 + \cdots + x_n f_n}{f_1 + f_2 + f_3 + \cdots + f_n} = \frac{\sum xf}{\sum f} \qquad (4.14)$$

式中　f——权数,即各组单位数(次数)。

其他符号同前。

加权算术平均数公式中的分子是总体标志总量,分母是同一总体单位总数,次数 f 起了权数的作用。

例如,某企业某车间有 180 名工人,每人某日生产某种零件数的单项式变量数列如表 4.3 所示,求工人的平均日产零件数。

表 4.3　工人日产零件数情况表

| 按每人日产零件数分组 x /件 | 工人数 | | 生产零件数 | 日产零件数乘比重 |
	人数 f /人	比重/%	xf	$\dfrac{xf}{\sum f}$
15	10	5.55	150	0.75
16	20	11.11	320	1.76
17	30	16.67	510	2.89
18	50	27.78	900	5.04
19	40	22.22	760	4.18
20	30	16.67	600	3.40
合计	180	100.00	3 240	18.00

平均每个工人日产零件数为:

$$\bar{x} = \frac{15 \times 10 + 16 \times 20 + 17 \times 30 + 18 \times 50 + 19 \times 40 + 20 \times 30}{10 + 20 + 30 + 50 + 40 + 30} \text{件} = 18 \text{件}$$

上例中,各组每人日产零件数 x 与各组工人数 f 的乘积是各组工人日产零件合计数,即各组单位标志值之和。将各组日产零件合计数相加,可以得到全车间工人日产零件总数,再除以工人总数(即总体单位总数),可求得该车间平均每个工人日产零件数。

从加权算术平均数的公式可以看出,影响加权算术平均数的因素有两个,一个是变量值 x,另一个是各组的次数(权数)f。但实质上加权数作用的并不是次数,而是次数的比重(频数)。因此,也可用次数的比重作权数计算加权算术平均数。

以次数比重为权数的加权算术平均数公式为:

$$\bar{x} = \frac{\sum xf}{\sum f} \qquad (4.15)$$

式中　$\dfrac{f}{\sum f}$——次数的比重(频率)。

根据表 4.3 所示的资料,用工人比重为权数计算平均日产零件数为:

$$\bar{x} = (15 \times 0.05 + 16 \times 0.11 + 17 \times 0.17 + 18 \times 0.28 +$$
$$19 \times 0.22 + 20 \times 0.17) \text{ 件} = 18 \text{ 件}$$

以上是单项变量数列的加权算术平均数。对于组距数列,也可以计算加权算术平均数。不同的是,组距数列首先要计算组中值,然后用组中值作变量值,按上述方法计算。

例如,某企业某月工人工资资料如表 4.4 所示。

表 4.4　工人工资分组情况表

按月工资额分组/元	组中值 x/元	工人人数 f/人	各组工人工资 xf/元
600 以下	500	180	90 000
600~800	700	350	245 000
800~1 000	900	900	810 000
1 000~1 200	1 100	520	572 000
1 200 以上	1 300	50	65 000
合计	—	2 000	1 782 000

$$\text{工人月工资} = \frac{\begin{matrix}500 \times 180 + 700 \times 350 + 900 \times 900 + \\ 1\ 100 \times 520 + 1\ 300 \times 50\end{matrix}}{2\ 000} \text{元}$$
$$= 891 \text{ 元}$$

注意:月平均工资 891 元只是个近似值。用组距数列的组中值计算算术平均数,是假定各标志值在各组内的变动是均匀的。但实际上组内标志值的分布往往并不均匀,所以组中值本身就是个近似的代表值,根据组中值计算的加权算术平均数也只能是实际平均数的近似值。但这种计算方法由于其计算的便捷,在统计和其他经济工作中被广泛应用。

4.3.3　调和平均数

在实际统计工作中,有时由于资料的原因,不能直接计算算术平均数,可用调和平均数的方法间接计算出算术平均数,其计算结果与算术平均数计算的结果完全相同。调和平均数是变量值倒数的算术平均数的倒数,又称倒数平均数。在这种情况下,可以将调和平均数形式的应用看作是算术平均数的变形。

统计学原理

1）简单调和平均数

简单调和平均数适用于未分组的资料。其计算公式为：

$$H = \frac{n}{\sum \frac{1}{x}} \qquad (4.16)$$

式中　H——调和平均数。

其他符号同前。

例如，在市场上，某种蔬菜早上、中午、晚上的单价分别为 0.67 元、0.50 元和 0.40 元，假设该种蔬菜早上、中午、晚上的销售额相等，试计算这一天该种蔬菜的平均价格。

$$H = \frac{3}{\frac{1}{0.67} + \frac{1}{0.50} + \frac{1}{0.40}} \text{元} = 0.50 \text{元}$$

2）加权调和平均数

加权调和平均数适用于已分组的资料，其计算公式为：

$$H = \frac{\sum m}{\sum \frac{m}{x}} \qquad (4.17)$$

式中　H——调和平均数；

　　　x——各组标志值；

　　　m——各组标志总量。

现以表 4.5 的资料为例说明调和平均数的计算方法。

例如，某农产品采购站，本月购进三批同种产品，每批价格及采购金额如表 4.5 所示，试计算三批产品的平均价格。

表 4.5　某农产品采购站采购情况表

	单价 x/元	采购金额 m/元
第一批	50	11 000
第二批	55	27 000
第三批	60	18 000
合　计	—	56 000

$$平均单价 = \frac{56\ 000}{\dfrac{11\ 000}{50} + \dfrac{27\ 000}{55} + \dfrac{18\ 000}{60}} 元 = 55.40\ 元$$

调和平均数的实际应用机会很少,这里只作为平均数的一种形式简单加以介绍,只要求理解为算术平均数的变形即可。

4.3.4　中位数和众数

1)中位数

将总体各单位的标志值按从小到大的顺序加以排列居于中间位置的标志值就是中位数。由于中位数居于中间位置,其数值既不能太大也不能太小,故可用它代表现象的一般水平。中位数是位置平均数。

中位数的计算方法根据所掌握的资料的不同,分为两种:一是根据未分组的资料计算中位数;二是根据已分组的资料计算中位数。

(1)根据未分组的资料计算中位数

计算步骤如下:

①将标志值按从小到大的顺序排列;

②按公式 $\dfrac{n+1}{2}$ 确定中位数的位次;

③根据总体单位项数的奇偶来确定中位数的值。

如总体单位项数为奇数,位于中间位次的标志值就是中位数。

例如,设有 7 个工人生产某种产品,他们的日产量(件)分别为 6,4,6,8,9,14,12,求中位数。

①将总体各单位标志值按从小到大的顺序排列如下:

$$4,6,6,8,9,12,14$$

②确定中位数的位次:

$$\frac{n+1}{2} = \frac{7+1}{2} = 4$$

③显然居于第四位的标志值 8 即为中位数。

如果总体单位数的项数为偶数,显然有两个标志值位置居中,将这两个标志值简单平均即得中位数的值。

例如,接上例,若有 8 个工人,第 8 人的日产量(件)为 15,求中位数。

①将总体各单位标志值按从小到大的顺序排列如下:

$$4,6,6,8,9,12,14,15$$

②确定中位数的位次:

$$\frac{n+1}{2} = \frac{8+1}{2} = 4.5$$

中位数位次在第四位与第五位之间,第四位标志值为 8,第五位标志值为 9。

③确定中位数的值:

$$中位数 = \frac{8+9}{2} 件 = 8.5 件$$

(2)根据已分组的资料计算中位数

由已分组的资料计算中位数,分为两种情况:一种是根据单项数列计算中位数;另一种是根据组距数列计算中位数。

①由单项数列计算中位数。其计算步骤如下:

第一,按 $\frac{\sum f}{2}$ 确定中位数的位次;

第二,根据位次确定相应的标志值为中位数。

例如,某班级 21 名大学生身高资料如表 4.6 所示,求中位数。

表 4.6 某班级学生身高资料表

身高/cm	人数/人	人数累积/人	
x	f	向上累积	向下累积
160	2	2	21
165	4	6	19
170	5	11	15
175	6	17	10
180	3	20	4
185	1	21	1
合计	21	—	—

先确定中位数的位次。$\frac{\sum f}{2} = \frac{21}{2} = 10.5$

按人数从下向上累积,中位数在第三组,中位数为 170 cm。

按人数从上向下累积,中位数也在第三组,中位数为 170 cm。

②由组距数列计算中位数。其计算步骤如下:

第一,按 $\frac{\sum f}{2}$ 确定中位数的位次;

第二,根据位次确定中位数所在组;

第三,按下限公式或上限公式确定中位数的值。

下限公式为:

$$M_e = L + \frac{\dfrac{\sum f}{2} - S_{m-1}}{f_m} \cdot i \qquad (4.18)$$

式中　M_e——中位数;

　　　L——中位数所在组的下限;

　　　f_m——中位数组的次数;

　　　S_{m-1}——中位数所在组以下的累积次数;

　　　$\sum f$——总次数;

　　　i——中位数所在组的组距。

上限公式为:

$$M_e = U - \frac{\dfrac{\sum f}{2} - S_{m+1}}{f_m} \cdot i \qquad (4.19)$$

式中　U——中位数所在组的上限;

　　　S_{m+1}——中位数所在组以上的累积次数;

其他字母含义同下限公式。

上述公式所计算出的中位数的值均为近似值,是以中位数所在组内的次

数均匀分布为前提的。在这个前提下,上述公式中的 $\dfrac{\dfrac{\sum f}{2} - S_{m-1}}{f_m}$ 与

$\dfrac{\dfrac{\sum f}{2} - S_{m+1}}{f_m}$ 都是中位数的次数在中位数组内应占的份额。

例如,某企业职工月工资资料如表4.7所示,求中位数。

第一,确定中位数的位次。

$$\frac{\sum f}{2} = \frac{2\,400}{2} = 1\,200$$

第二,确定中位数所在组。

中位数组在2 900~3 000元。

第三,按下限公式或上限公式计算中位数的值。

$$M_e = L + \frac{\frac{\sum f}{2} - S_{m-1}}{f_m} \cdot i$$

$$= 2\ 900\ 元 + \frac{\frac{2\ 400}{2} - 1\ 070}{850} \times 100\ 元$$

$$= 2\ 915.29\ 元$$

$$M_e = U - \frac{\frac{\sum f}{2} - S_{m+1}}{f_m} \cdot i$$

$$= 3\ 000 - \frac{\frac{2\ 400}{2} - 480}{850} \times 100\ 元$$

$$= 2\ 915.29\ 元$$

表 4.7　某企业职工月工资资料表

月工资/元	人数/人	向上累积	向下累积
2 500~2 600	110	110	2 400
2 600~2 700	180	290	2 290
2 700~2 800	320	610	2 110
2 800~2 900	460	1 070	1 790
2 900~3 000	850	1 920	1 330
3 000~3 100	250	2 170	480
3 100~3 200	130	2 300	230
3 200~3 300	70	2 370	100
3 300~3 400	20	2 390	30
3 400~3 500	10	2 400	10
合计	2 400	—	—

中位数有如下特点:中位数是表示中间位置的平均数,中位数只受中间标志值的影响,不受其他标志值的影响。

2)众数

众数是总体中最普遍的数,也就是总体中出现次数最多的那个标志值。众数也是一种平均数,有时用它来说明总体的一般水平。例如,某商场销售的某种品牌的西装尺寸有大有小,可以统计出其中哪种尺寸的西装成交量最大,则该种尺寸即为众数。再如,为了掌握某班学生计算机课程的学习成绩,可以统计出最普遍的成绩,则此成绩就是众数。

众数的确定方法有两种:一种是根据单项数列确定众数,另一种是根据组距数列来确定众数。

(1)由单项数列确定众数

步骤如下:

第一,确定众数组;

第二,确定众数值;

例如,调查 200 名顾客所购皮鞋的有关资料如表 4.8 所示。

表 4.8　顾客购鞋资料

皮鞋尺寸/cm	人数/人
21	5
22	10
23	25
24	30
25	70
26	45
27	15
合计	200

表 4.8 中购买 25 cm 皮鞋的顾客最多,有 70 人,尺寸 25 cm 就是众数。

(2)由组距数列确定众数

步骤如下:

第一,找出出现次数最多的组,这个组就是众数组;

第二,根据下限公式或上限公式确定众数的值。

下限公式为:

$$M_0 = L + \frac{\Delta_1}{\Delta_1 + \Delta_2} \cdot i \tag{4.20}$$

式中　M_0——众数;

　　　L——众数组的下限值;

　　　Δ_1——众数组次数与下一组次数之差;

　　　Δ_2——众数组次数与上一组次数之差;

　　　i——组距(中位数所在组)。

上限公式为：

$$M_0 = U - \frac{\Delta_2}{\Delta_1 + \Delta_2} \cdot i \qquad (4.21)$$

式中　U——众数组的上限值；

其他符号含义同下限公式。

例如，根据表4.7的资料，求众数。

第一，确定众数组。2 900~3 000组次数最多，该组即为众数组。

第二，根据下限公式或上限公式计算众数的近似值。

已知 $L = 2\ 900$，$U = 3\ 000$，$\Delta_1 = 850 - 460 = 390$，$\Delta_2 = 850 - 250 = 600$

$$M_0 = L + \frac{\Delta_1}{\Delta_1 + \Delta_2} \cdot i$$

$$= 2\ 900 + \frac{390}{390 + 600} \times 100\ 元$$

$$= 2\ 939.40\ 元$$

$$M_0 = U - \frac{\Delta_2}{\Delta_1 + \Delta_2} \cdot i$$

$$= 3\ 000\ 元 - \frac{600}{390 + 600} \times 100\ 元$$

$$= 2\ 939.40\ 元$$

众数有如下特点：众数明显反映集中趋势，不受极端标志值的影响；如果数列中出现多个众数，应将该数列重新分组，确定一个有明显集中趋势的数列，再根据新数列确定众数。

4.3.5　计算和应用平均指标的原则

1)必须注意所研究社会经济现象的同质性

平均数的分子(标志总量)与分母在口径上必须一致，即它们必须属于同一总体，并且分子、分母的位置不能互换，这是平均数与强度相对数的区别之一。

2)必须注意用组平均数补充说明总平均数

例如，某工业局甲、乙两公司工资情况如表4.9所示。

表 4.9　甲、乙两公司工资情况表

工人类别	甲公司			乙公司		
	工人数		年工资水平/元	工人数		年工资水平/元
	绝对数/人	比重/%		绝对数/人	比重/%	
初级工	18	10	24 000	150	51	36 000
中级工	90	50	60 000	120	41	75 000
高级工	72	40	150 000	25	8	180 000
合计	180	100	92 400	295	100	85 000

从表 4.9 中总平均数来看,甲公司年平均工资为 92 400 元,乙公司年平均工资为 85 000 元,甲公司高于乙公司,这样能否断定甲公司工资水平高于乙公司呢?这就需要从组平均数来分析了,无论初级工、中级工还是高级工的年工资水平甲公司都低于乙公司。这表明乙公司无论对初级工、中级工还是高级工都采取了激励措施。那么,为什么总平均年工资水平甲公司高于乙公司呢?原因在于甲公司的技术含量比较高,90% 是中级工和高级工,高级工占了 40%,而乙公司高级工只占了 8%。可见,总平均数具有明显的抽象性。为了全面科学地分析,必须以组平均数补充说明总平均数。

3)必须注意应用分配数列补充说明平均数

例如,某重型机械厂的一个附属零件厂有 120 名工人,第三季度平均日产零件 44.75 件,在第四季度由于实行生产责任制,加强了管理,平均日产量发生了较大变化,日产零件达到 46.75 件。为了更好地分析这种变化情况,需要与分配数列结合起来分析,如表 4.10 所示。

表 4.10　某零件加工厂日产零件数分组表

按日产零件数分组/件	组中值/件	各组工人数/人	
		第三季度	第四季度
39~41	40	15	5
41~43	42	25	10
43~45	44	30	20
45~47	46	20	25
47~49	48	15	30
49~51	50	10	20
51~53	52	5	10
合计	—	120	120

从表 4.10 可知,不仅平均日产水平发生了变化(第三季度平均日产零件数为 44.75 件,第四季度平均日产零件数为 46.75 件),分配数列结构也发生了很大变化。第三季度整个分布偏低,低于平均水平的有 66 人,占了一半以上。到第四季度,整个分布偏高了,低于原平均水平的仅有 33 人,大部分超过原平均水平。这个结构与分布的变化,反映了事物总体内部的变化,看到这点就使分析研究更具体直观了。

4)必须注意一般与个别相结合,把平均数和典型事例结合起来

5)平均指标要与变异指标结合运用

4.4 标志变异指标

4.4.1 标志变异指标的概念和作用

标志变异指标是反映总体各单位标志值差异程度的综合指标。它表明总体各单位标志值的离散程度和集中趋势,也称标志变动度。而平均指标只是从一个侧面反映变量的集中趋势。

标志变异指标的作用表现为以下两点:

第一,标志变异指标是衡量平均指标代表性的尺度。

当总体各单位标志值间的差异较大时,计算的标志变异指标值就越大,平均数的代表性就越弱;反之,标志变异指标值越小,平均数的代表性越强。

第二,标志变异指标可以用来研究现象发展变化的均衡性和协调性。

标志变异指标值越小,现象发展变化越均衡,越协调;标志变异指标值越大,现象发展变化越不均衡,越不协调。

按计算方法的不同,标志变异指标可以分为全距、平均差、标准差和离散系数。

4.4.2 全距和平均差

1)全距

全距是指总体各单位标志值中的最大值与最小值之差,通常以 R 表

示,即

$$R = 最大标志值 - 最小标志值 \qquad (4.22)$$

由于全距是一个数列中两个极端数值之差,所以也叫极差。

例如有甲乙两个数列:

甲数列　68　69　70　71　72, $\bar{x} = 70, R = 4$

乙数列　50　60　70　80　90, $\bar{x} = 70, R = 40$

这两个数列的平均数均为 70,但其全距不一样,甲数列 $R = 4$,乙数列 $R = 40$,所以这两个数列的平均数的代表性也不同:由于乙数列的全距大,故其平均数的代表性弱;而甲数列的全距小,故其平均数的代表性强。

对于组距数列,全距等于最高组的上限与最低组的下限之差。至于开口组,则可先求出组中值,再利用组中值求得全距。

应用全距计算较简便,能较快地直接作出判断。但它只考虑了最大值与最小值之差,没有联系数列中其他数值的差异情况,因而准确性不够。

2)平均差

平均差是指各标志值与算术平均数的离差绝对值的算术平均数,通常用 $A \cdot D$ 表示。平均差的计算分为简单平均差与加权平均差两种形式。

①简单平均差　对于未分组资料 $x_1, x_2, \cdots, x_n$,若其平均数为 $\bar{x}$,则平均差为:

$$A \cdot D = \frac{\sum \left| x - \bar{x} \right|}{n} \qquad (4.23)$$

以甲、乙两组日产零件平均差的计算为例说明平均差的计算过程。甲、乙两组日产零件平均差的计算如表 4.11 所示。

$$A \cdot D_{甲} = \frac{6}{5} 件 = 1.2 件$$

$$A \cdot D_{乙} = \frac{60}{5} 件 = 12 件$$

表 4.11　日产零件平均差计算表

甲组($\bar{x}=70$件)			乙组($\bar{x}=70$件)		
日产零件数/件	离差	离差绝对值	日产零件数/件	离差	离差绝对值
x	$x-\bar{x}$	$\left|x-\bar{x}\right|$	x	$x-\bar{x}$	$\left|x-\bar{x}\right|$
日产零件数/件	离差	离差绝对值	日产零件数/件	离差	离差绝对值
68	−2	2	50	−20	20
69	−1	1	60	−10	10
70	0	0	70	0	0
71	1	1	80	10	10
72	2	2	90	20	20
合计	0	6	合计	0	60

以上计算结果表明,两组平均日产零件数均为 70 件,但乙组平均差为 12 件,比甲组平均差大 10 倍,故甲组平均数的代表性比乙组平均数的代表性强。同时,也说明甲数列各标志值波动小,变动稳定、均衡。

②加权平均差　其计算公式为:

$$A \cdot D = \frac{\sum \left|x - \bar{x}\right| f}{\sum f} \tag{4.24}$$

例如,某企业某月工人日包装箱分组资料如表 4.12 所示,求平均差。

表 4.12　平均差计算表

按日包装数分组/箱	工人数/人	总包装数/箱	离差($\bar{x}=9.05$)	离差绝对值	以工人数加权计算
x	f	xf	$x-\bar{x}$	$\left|x-\bar{x}\right|$	$\left|x-\bar{x}\right|f$
7	100	700	−2.05	2.05	205
8	250	2 000	−1.05	1.05	265.5
9	300	2 700	−0.05	0.05	15
10	200	2 000	0.95	0.95	190
11	150	1 650	1.95	1.95	292.5
合计	1 000	9 050	—	—	968

$$\bar{x} = \frac{9\,050}{1\,000}\ 箱 = 9.05\ 箱$$

$$A \cdot D = \frac{968}{1\,000}\ 箱 = 0.968\ 箱$$

平均差使用绝对值计算是为了避免各变量值与平均数的离差之和等于零。平均差是根据全部变量值计算出来的,受极端值的影响比较小,所以对整个变量值的离散趋势有较为充分的代表性。但由于它采用绝对值的计算方法,不适宜进一步进行数学处理,因此,实际应用受到一定限制。

4.4.3　标准差和离散系数

1) 标准差

标准差是总体中各单位标志值与算术平均数离差平方的算术平均数的平方根,又称均方根差或均方差,通常用 σ 表示。其计算公式分为简单与加权两种形式:

(1) 简单平均式

其计算公式为:

$$\sigma = \sqrt{\frac{\sum (x - \bar{x})^2}{n}} \tag{4.25}$$

(2) 加权平均式

其计算公式为:

$$\sigma = \sqrt{\frac{\sum (x - \bar{x})^2 f}{\sum f}} \tag{4.26}$$

标准差的大小不仅可以反映数据离散程度(即差异程度)的大小,而且也反映平均数所具有的代表性的强弱。标准差小,表明其平均数的代表性强;反之,则表示平均数的代表性弱。现仍以表 4.11 和表 4.12 的资料为例说明标准差的计算过程,如表 4.13 和表 4.14 所示。

$$\sigma_{甲} = \sqrt{\frac{\sum (x - \bar{x})^2}{n}} = \sqrt{\frac{10}{5}}\ 件 = 1.14\ 件$$

$$\sigma_{乙} = \sqrt{\frac{\sum (x - \bar{x})^2}{n}} = \sqrt{\frac{1\,000}{5}}\ 件 = 14.14\ 件$$

因为　$\sigma_{甲} < \sigma_{乙}$

所以,甲组平均数的代表性比乙组强。

表 4.13 日产零件标准差计算表

甲组($\bar{x}=70$件)			乙组($\bar{x}=70$件)		
日产零件数/件	离差	离差绝对值的平方	日产零件数/件	离差	离差绝对值的平方
x	$x-\bar{x}$	$\left|x-\bar{x}\right|^2$	x	$x-\bar{x}$	$\left|x-\bar{x}\right|^2$
68	−2	4	50	−20	400
69	−1	1	60	−10	100
70	0	0	70	0	0
71	1	1	80	10	100
72	2	4	90	20	400
合计	0	10	合计	0	1 000

表 4.14 标准差计算表

按日包装数分组/件	工人数/人	总包装数/箱	离差($\bar{x}=9.05$)	离差的平方	离差的平方乘人数
x	f	xf	$x-\bar{x}$	$(x-\bar{x})^2$	$(x-\bar{x})^2 f$
7	100	700	−2.05	4.202 5	420.25
8	250	2 000	−1.05	1.102 5	275.625
9	300	2 700	−0.05	0.002 5	0.75
10	200	2 000	0.95	0.902 5	180.50
11	150	1 650	1.95	3.802 5	570.375
合计	1 000	9 050	—	—	1 447.5

$$\bar{x} = \frac{\sum xf}{\sum f} = \frac{9\ 050}{1\ 000} 箱 = 9.05 箱$$

$$\sigma = \sqrt{\frac{\sum(x-\bar{x})^2 f}{\sum f}} = \sqrt{\frac{1\ 447.5}{1\ 000}} 箱 = 1.20 箱$$

如果是组距数列,则应先求出组中值,然后按加权法进行计算。例如,农民家庭收入情况资料如表 4.15 所示,求标准差。

$$\overline{x} = \frac{\sum xf}{\sum f} = \frac{3\ 513\ 000}{1\ 000} = 3\ 513\ \text{元}$$

$$\sigma = \sqrt{\frac{\sum (x - \overline{x})^2 f}{\sum f}} = \sqrt{\frac{1\ 802\ 831\ 000}{1\ 000}}\ \text{元} = 1\ 342.70\ \text{元}$$

表 4.15　标准差计算表

按人均纯收入分组/元	农户数/户	组中值/元	总收入额/元	离　差	离差的平方	离差的平方乘权数
	f	x	xf	$x - \overline{x}$	$(x - \overline{x})^2$	$(x - \overline{x})^2 f$
1 000 以下	44	500	22 000	−3 013	9 078 169	399 439 436
1 000~2 000	79	1 500	118 500	−2 013	4 052 169	320 121 351
2 000~3 000	236	2 500	590 000	−1 013	1 026 169	242 175 884
3 000~4 000	260	3 500	910 000	−13	169	43 940
4 000~5 000	223	4 500	1 003 500	987	974 169	217 239 687
5 000 以上	158	5 500	869 000	1 987	3 948 169	623 810 702
合计	1 000	—	3 513 000	—	—	1 802 831 000

2) 离散系数

全距、平均差和标准差都是用绝对数形式来说明标志变动程度的大小，它们都是有计量单位的。而对于水平相差较为悬殊的不同总体变量数列的对比，或计量单位不同的数列的对比，就需要计算离散系数，通过离散系数来消除或降低平均数的影响，用离散系数来测定平均数的代表性。

离散系数具体有平均差系数和标准差系数两种。

（1）平均差系数

其计算公式为：

$$V_{A\cdot D} = \frac{A \cdot D}{\overline{x}} \times 100\% \qquad (4.27)$$

式中　$V_{A\cdot D}$——平均差系数。

将平均差与平均数相除，其目的是为了消除或降低平均数的影响，从而使不同总体之间能够对比。平均差系数值越大，平均数的代表性越弱；平均差系数值越小，平均数的代表性越强。

（2）标准差系数

其计算公式为：

$$V_\sigma = \frac{\sigma}{\bar{x}} \times 100\% \tag{4.28}$$

式中　V_σ——标准差系数。

标准差系数值越大，平均数的代表性越弱；标准差系数值越小，平均数的代表性越强。

例如，已知成年组、幼儿组的平均身高分别为 168 cm、73 cm，其标准差分别为 2.828 cm，1.414 cm，计算比较标准差系数。

成年组：$V_\sigma = \frac{\sigma}{\bar{x}} \times 100\% = \frac{2.828}{168} \times 100\% = 1.68\%$

幼儿组：$V_\sigma = \frac{\sigma}{\bar{x}} \times 100\% = \frac{1.414}{73} \times 100\% = 1.94\%$

计算结果表明，成年组的身高变动程度小于幼儿组。由此得出结论：成年组平均身高 168 cm 的代表性要比幼儿组平均身高 73 cm 的代表性强。

【本章小结】

综合指标是用以概括和分析社会经济现象总体的数量特征和数量关系的统计指标。综合指标分为总量指标、相对指标和平均指标。

总量指标是认识社会经济现象的起点，是计算相对指标和平均指标的基础。总量指标按反映现象内容、时间状态和计量单位的不同分为多种类型。

相对指标能反映社会经济现象之间的相对水平和联系程度。提供现象之间的比较基础。常用的相对指标有计划完成程度相对指标、结构相对指标、比例相对指标、比较相对指标、动态相对指标和强度相对指标。计算和应用相对指标时应坚持其基本原则。

平均指标是综合反映社会经济现象总体的一般水平的统计指标。它反映了分配数列中各变量值分布的集中趋势，可以用于同类现象在不同时空的对比，还可以分析现象之间的依存关系。平均指标按计算方法不同，可分为算术平均数、调和平均数、众数和中位数等几种。其中算术平均数应用最为广泛。

标志变异指标是反映总体各单位标志值差异程度的综合指标。标志变异指标分为全距、平均差、标准差和离散系数。标志变异指标的基本作用是反映总体各单位标志值的集中趋势，通过标志变异指标数值的大小，可以判断平均数代表性的强弱。

【思考题】

1.什么是总量指标？它有哪些分类？

2.时期指标与时点指标的区别有哪些？

3.结构相对数与比较相对数有何不同？

4.平均指标有几种分类？各是什么？

5.什么是标志变异指标？它有几种形式？各是什么？

【练习题】

1.某企业2012年甲产品的单位成本为800元,计划规定2013年成本比2012年降低4.5%,实际降低5%。试计算:

(1)甲产品2013年单位成本的计划数与实际数;

(2)甲产品2013年降低成本计划完成程度相对指标。

2.某企业2013年乙产品产量为1 000台,计划规定2014年产量比2013年增长5%,实际增长6%。试计算:

(1)2014年乙产品产量计划数与实际数;

(2)2014年乙产品产量计划完成程度相对指标。

3.某公司所属三个企业2014年上半年工业总产值资料如下:

要求:计算空格的指标,并指出(1)~(7)栏是何种统计指标。

	第一季度产值/万元	第二季度				计划完成百分比/%	第二季度为第一季度百分比/%
		计划		实际			
		产值/万元	比重/%	产值/万元	比重/%		
（甲）	(1)	(2)	(3)	(4)	(5)	(6)	(7)
A 企业	108.16	123.42		135.77		95	
B 企业	141.82	172.44				105	
C 企业	91.54			114.00			
合计	341.52						

4. 某企业去年工资资料如下：

按工资额分组/元	工人人数比重
20 000 以下	0.05
20 000~25 000	0.35
25 000~40 000	0.40
40 000 以上	0.20
合计	1.00

试根据上表资料计算该企业平均工资为多少？

5. 某地甲、乙两个商场某种商品不同等级的价格及销售额资料如下：

品种	价格/(元·kg⁻¹)	销售额/万元	
		甲商场	乙商场
优等品	0.30	75	37.5
一等品	0.30	40	80
合格品	0.36	45	45
甲商场	—	160	162.5

试计算比较该地区哪个商场平均价格高？并说明原因。

6. 某企业某车间 40 个工人某月的工资如下(单位:元)：

3 680	4 500	3 600	5 100	2 930	3 750	3 900	2 800
5 150	3 100	4 120	3 900	4 600	5 010	2 800	4 300
4 120	5 200	2 800	4 300	3 500	4 520	3 920	3 830
4 600	4 010	3 720	4 300	4 520	3 200	3 620	3 820

试分别采用简单算术平均数和加权算术平均数两种方法(按组距为 500 元进行分组)计算工人月平均工资,并说明两个结果不相等的原因。

7. 某企业职工家庭收入资料如下：

每人平均月收入/元	职工户数
3 130~3 140	200
3 140~3 150	300
3 150~3 160	1 200
3 160~3 170	800
3 170~3 180	500
3 180~3 190	150
合计	3 150

试计算职工家庭平均收入的众数和中位数。

8.某企业工人日包装产量资料如下:

按日包装数分组/箱	工人数/人
100 以下	44
100~200	79
200~300	236
300~400	260
400~500	223
500 以上	158
合计	1 000

试计算平均日包装量、标准差、离散系数。

第 5 章
时 间 数 列

【学习目标】

通过本章学习,了解时间数列的意义、种类。理解时间数列的编制原则。掌握时间数列水平指标和速度指标的计算。能够进行时间数列分析,包括长期趋势分析和季节变动分析。

5.1　时间数列的意义

5.1.1　时间数列的意义

社会经济现象总是随着时间的推移而发生变化,正是这种变化体现出社会发展的规律。统计作为认识社会经济现象的有力武器,不仅要从静态上研究社会经济现象数量方面的特征和相互联系,更重要的是从动态上研究它的发展过程和规律性,以便总结经验,并预见其发展变化的趋势。要对社会经济现象的动态进行分析研究,就必须编制时间数列。所谓时间数列,就是将反映社会经济现象的某一统计指标在不同时间上的指标数值,按时间的先后顺序排列而成的数列,又称为动态数列或时间序列。表 5.1 就是一个时间数列,它反映了我国 2009 年至 2013 年的国内生产总值的发展变化情况。

表 5.1　我国国内生产总值发展情况

年份	2009	2010	2011	2012	2013
国内生产总值/亿元	340 902.81	401 512.80	473 104.05	519 470.10	568 845.21

从表 5.1 可以看出,时间数列由两个基本要素构成:一个是现象所属的时间,另一个是反映客观现象的统计指标数值。两者缺一不可,否则不能构成完整的时间数列。

时间数列是对社会经济现象进行动态分析的基础,根据时间数列所进行的动态分析是经济活动分析中不可缺少的主要统计分析方法。其作用主要表现在:

①通过时间数列可以描述某一社会经济现象发展的状态和结果。

②通过时间数列可以研究现象的发展程度和发展趋势,揭示其质量变化的规律性。

③通过时间数列可以对不同国家或地区的同类现象进行对比分析。

④根据时间数列可以建立经济计量模型,为统计预测提供依据。

5.1.2　时间数列的种类

依照构成时间数列的指标表现形式不同,可以将时间数列分为三类,即总量指标时间数列、相对指标时间数列和平均指标时间数列（亦可称为绝对数时间数列、相对数时间数列和平均数时间数列）。其中总量指标时间数列为基本数列，而后两种数列是依前者计算得出，称为派生数列。

1）总量指标时间数列

总量指标时间数列是指将某一总量指标在不同时间上的指标数值，按照时间的先后顺序排列而成的数列。由于总量指标可以分为时期指标和时点指标，所以总量指标时间数列也分为时期数列和时点数列两种。

（1）时期数列

时期数列是由反映某种现象在一段时间内发展变化的时期指标编制而成的时间数列。如表5.1所示的时间数列就是时期数列。

时期数列有以下几个特点：

①时期数列中的每个指标数值，通常是通过连续不断的登记取得的。

②时期数列中各个指标数值可以相加。由于时期数列中每一个指标数值是表示在一段时间内发展过程的总量，因此它相加后的指标数值就表示研究现象在更长一段时间内发展的总量。

③时期数列中的每一个指标数值的大小与其时期长短有直接联系。一般来说，时期愈长，指标数值就愈大；时期愈短，指标数值就愈小。

（2）时点数列

时点数列是由反映现象在某一时刻上的状态的时点指标编制而成的时间数列。如表5.2所示的时间数列就是一个时点数列。

表5.2　某公司2014年上半年商品库存情况

时间	1月末	2月末	3月末	4月末	5月末	6月末
商品库存额/万元	83	79	75	81	89	92

时点数列有以下特点：

①时点数列中的每个指标数值，通常是每隔一定时期登记一次取得的。

②时点数列中每个指标数值是不能相加的。由于时点数列中每一个指标数值是表明在某一个瞬间现象的数量，几个指标值相加后无法说明这个数值是属于哪一时点上现象的数量，故时点数列中的指标数值相加没有实际意义。

③时点数列中每个指标数值的大小与其时点间的间隔长短没有直接联系。时点数列中每一个指标数值，只表明现象在某一时刻上的数量，因此它的指标数值大小与时间间隔长短没有直接联系。

2）相对指标时间数列

相对指标时间数列是将某一相对指标在不同时间上的指标数值按时间先后顺序排列而成的数列，即由相对指标编制的时间数列，用来说明现象之间的数量对比关系或相互联系的发展变化过程，能更清晰地表明某些现象数量对比关系的发展变化及规律性。例如，将商品流转额与流通费用进行对比可以求得流通费用率，根据不同时间上的流通费用率所编制的时间数列，即为相对指标时间数列。

3）平均指标时间数列

平均指标时间数列是将某一平均指标在不同时间上的指标数值按时间先后顺序排列而成的数列，即根据平均指标编制的时间数列，可以分析某一现象一般水平的变化过程和发展趋势。例如，根据某地区不同时间上的平均亩产量所编制的时间数列，即为平均指标时间数列。

5.1.3　时间数列的编制原则

编制时间数列的目的是要通过对数列中各个指标进行动态分析，来研究社会经济现象的发展变化过程及其规律性。因此，保证数列中各个指标的可比性，就成为编制时间数列应遵循的基本原则。具体来说，应包含以下几个方面：

1）时间长短应该相等

由于时期数列中各指标数值的大小与指标所属的时期长短有直接的联系，因此，时期数列中各指标所属时期长短应该一致，否则很难直接进行比较。但也不能把这个原则绝对化，有时为了某种特殊的研究目的，也可以将时期不等的指标数值编制在同一个时期数列中。例如，我国新中国成立前1900—1949 年的钢产量为 760 万吨，而第一个 5 年计划期间钢产量为 1 666.7万吨，1983 年的钢产量为 4 002 万吨，虽然这些指标数值的时期长短不一，但仍能说明我国新中国成立前后钢铁生产的发展状况。

对于时点数列来说，它不存在指标所属时期长短问题，只存在各项指标之间的间隔问题，尽管时点数列指标数值大小与时点间隔长短无直接联系，但时点数列各项指标之间的间隔应尽可能保持一致，这样才能便于更准确地反映经济现象的发展趋势和变化规律。

2）指标的经济内容应该一致

名称相同而经济内容不同的指标不能对比，否则编制的时间数列会得出不正确的结论。因为指标数值反映的是有一定质的经济内容，不能只就数量论数量，而应该注意时间数列中各个指标内容的统一。

3）总体范围应该一致

时间数列中各指标包括的总体范围即行政区划、管理体制、分组范围等前后应该保持一致。如果总体范围有了变动，则前后各期的指标数值不能直接对比，必须将资料加以适当调整。例如，某一地区行政区划发生变动，该地区的人口数、土地面积、国内生产总值等指标都要作相应的调整，才能使编制的时间数列具有可比性。

4）指标的计算方法应该统一

时间数列各项指标的计算方法包括统计方法、计算公式、计算价格、计量单位等，都要前后统一。

5.2 时间数列的水平指标

为了研究社会经济现象的发展水平和速度，认识事物发展的规律性，我们需要对时间数列计算一系列分析指标。主要的分析指标有：发展水平、平均发展水平、增长量、平均增长量、发展速度、增长速度、平均发展速度和平均增长速度。前四种运用于现象发展的水平分析，后四种运用于现象发展的速度分析。本节主要介绍水平指标。

5.2.1 发展水平

在时间数列中每个指标数值叫做发展水平或时间数列水平，它反映社会经济现象在不同时间状态下所达到的规模或水平，且它是计算其他动态分析指标的基础。发展水平可以是绝对数水平，也可以是相对数或平均数水平。

发展水平按其在时间数列中所处位置的不同可分为：最初水平、中间水平、最末水平。时间数列中第一个指标数值叫最初水平，最后一个指标数值叫最末水平，其余各个指标数值叫中间水平。如果用符号 $a_0, a_1, a_2, \cdots, a_{n-1}$, a_n 表示发展水平，那么 a_0 为最初水平，a_n 为最末水平，其余为中间水平。发展水平按其在动态分析中所起的作用不同可分为:基期水平和报告期水平。基期水平是指作为比较基础时期的发展水平;报告期水平是指所要分析研究的那个时期的发展水平。

发展水平的概念不是固定不变的,它们会随着研究目的的改变而改变。今年的报告期水平可能是将来的基期水平,这个数列的最末水平可能是另一数列的最初水平。发展水平在文字说明上习惯用"增加到""增加为"或"降低到""降低为"表示。

5.2.2　平均发展水平

平均发展水平又叫序时平均数或动态平均数,是将不同时期的发展水平加以平均而得的平均数。它和一般平均数有共同之处,都是将研究现象的个别数量差异抽象化,概括地反映现象的一般水平。但两者也有区别,平均发展水平所平均的是社会经济现象在不同时间上的数量差异,从动态上说明其在某一段时间内发展的一般水平,它是根据时间数列来计算的。而一般平均数是将总体各单位某一数量标志在同一时间上的数量差异抽象化,从静态上说明其在具体历史条件下的一般水平,它是根据变量数列来计算的。由于时间数列可以分为总量指标时间数列、相对指标时间数列和平均指标时间数列,因此在计算序时平均数时,可以根据总量指标时间数列计算,也可根据相对指标时间数列和平均指标时间数列计算。从计算方法来说,根据总量指标时间数列计算序时平均数是最基本的方法。现分别说明如下:

1)根据总量指标时间数列计算序时平均数

总量指标时间数列分为时期数列和时点数列,由于两者资料特点不同,计算序时平均数的方法也不相同。

（1）由时期数列计算序时平均数

由于时期数列中各项指标数值可以直接相加,因此,由时期数列计算序时平均数可采用简单算术平均数的方法,即把时期数列的各项指标数值相加,然后除以时期数列的项数。其计算公式为:

$$\bar{a} = \frac{a_1 + a_2 + \cdots + a_n}{n} = \frac{\sum a}{n}$$

式中　$\bar{a}$——序时平均数;

　　　a——各期发展水平;

　　　n——时间数列的项数。

例 5.1　根据表 5.1 所列的时期数列资料,可计算 1999 年至 2003 年我国的平均国内生产总值为:

$$\bar{a} = \frac{\sum a}{n} = \frac{82\,067.5 + 89\,468.1 + 97\,314.8 + 104\,790.6 + 116\,693.6}{5} 亿元$$

$$= \frac{490\,334.6}{5} 亿元 = 98\,066.92\ 亿元$$

(2)由时点数列计算序时平均数

时点数列都是瞬间资料,在时点数列中的两个时点之间一般都是有一定间隔的。因此,时点数列一般都是不连续数列。但是,如果时点数列的资料是逐日记录,而又逐日排列的,这时的时点数列就可以看成是连续的时点数列。由于占有资料的不同,在根据时点数列计算序时平均数时就可以采用不同的方法。

①连续时点数列求序时平均数。

A.间隔相等连续时点数列。这种资料的特点是相邻两个时点的间隔都是 1 日,即具有连续每日登记的时点资料。在计算序时平均数时可用简单算术平均数的方法,即将各时点的指标数值相加,然后除以时点数列项数,即

$$\bar{a} = \frac{a_1 + a_2 + \cdots + a_n}{n} = \frac{\sum a}{n}$$

式中　a——各时点指标数值;

　　　n——时点数列项数或时点个数。

如已知某企业一个月每天的工人人数,要计算该月内每天平均工人人数,就可将每天的工人人数相加,除以该月的日历日数即得。

B.间隔不等连续时点数列。这种资料的特点是相邻两个时点的间隔日数不相等,即没有每日连续登记的时点资料,只有现象发生变动时登记的时点资料。计算序时平均数时,须以两个时点的间隔日数为权数进行加权平均计算,即

$$\bar{a} = \frac{\sum af}{\sum f}$$

式中　a——各时点指标数值;

　　　f——相邻时点间隔日数。

例 5.2　某企业 6 月 1 日至 6 月 16 日职工人数均为 1 250 人,6 月 17 日至 6 月 30 日职工人数为 1 260 人,则该企业 6 月份平均职工人数为:

$$\bar{a} = \frac{\sum af}{\sum f} = \frac{1\,200 \times 16 + 1\,260 \times 14}{16 + 14} \text{人} = 1\,228 \text{ 人}$$

②间断时点数列求序时平均数。

在实际统计工作中,很多现象并不是逐日对其时点数据进行统计,而是隔一段时间(如一月、一季度、一年等)对其期末时点数据进行登记。这样得到的时点数列称为间断时点数列。如果每隔相同的时间登记一次,所得数列称为间隔相等的间断时点数列;如果每两次登记的中间间隔不相等,所得数列称为间隔不等间断时点数列。

A.间隔相等间断时点数列。根据这样的数列计算序时平均数时,可以假定所研究现象在两个相邻时点之间的变动是均匀的,因而将相邻两个时点指标数值相加后除以 2,即可得到这两个时点之间的序时平均数,然后根据这些平均数,再用简单算术平均法,求得整个时点数列的序时平均数。

例 5.3　某商店 2014 年第四季度商品库存额资料如表 5.3 所示,试计算该商店第四季度月平均商品库存额。

表 5.3　某商店 2014 年第四季度商品库存额

时间	9 月末	10 月末	11 月末	12 月末
商品库存额/万元	106	110	102	98

根据上述资料,可分别计算各月平均库存额:

$$10 \text{ 月平均库存额} = \frac{106+110}{2} \text{万元} = 108 \text{ 万元}$$

$$11 \text{ 月平均库存额} = \frac{110+102}{2} \text{万元} = 106 \text{ 万元}$$

$$12 \text{ 月平均库存额} = \frac{102+98}{2} \text{万元} = 100 \text{ 万元}$$

$$\text{第四季度平均库存额} = \frac{108+106+100}{3} \text{万元} = 104.67 \text{ 万元}$$

以 a 代表各时点数值,上述过程可概括成如下一般公式,即

$$\bar{a} = \frac{\dfrac{a_1 + a_2}{2} + \dfrac{a_2 + a_3}{2} + \cdots + \dfrac{a_{n-1} + a_n}{2}}{n - 1}$$

$$= \frac{\dfrac{a_1}{2} + a_2 + \cdots + a_{n-1} + \dfrac{a_n}{2}}{n - 1}$$

统计学原理

该公式表现为首末两项数值折半,故称为"首末折半法"。

B.间隔不等间断时点数列。如果掌握间隔不相等的时点数列资料,可用两个时点数值之间的间隔长度(f)为权数,对相应的时点的平均水平加权,应用加权算术平均法来计算序时平均数,这个方法叫做"加权序时平均法"。其计算公式为:

$$\bar{a} = \frac{\dfrac{a_1+a_2}{2}\times f_1 + \dfrac{a_2+a_3}{2}\times f_2 + \cdots + \dfrac{a_{n-1}+a_n}{2}\times f_{n-1}}{\sum\limits_{i=1}^{n-1} f_i}$$

例5.4 某企业2014年职工人数资料如下表,试计算该企业2014年月平均职工人数。

表5.4 某企业2014年职工人数情况

时间	1月1日	5月31日	8月31日	12月31日
职工人数/人	382	390	416	420

由于所给资料属间隔不等间断时点数列资料,因此根据相应公式计算该企业2002年月平均职工人数为:

$$\bar{a} = \frac{\dfrac{a_1+a_2}{2}\times f_1 + \dfrac{a_2+a_3}{2}\times f_2 + \cdots + \dfrac{a_{n-1}+a_n}{2}\times f_{n-1}}{\sum\limits_{i=1}^{n-1} f_i}$$

$$= \frac{\dfrac{382+390}{2}\times 5 + \dfrac{390+416}{2}\times 3 + \dfrac{416+420}{2}\times 4}{5+3+4}\text{人} = 401\text{人}$$

根据间断时点数列计算序时平均数,是假定研究现象在相邻两个时点之间的变动是均匀的,实际上各种现象的变动并不完全如此。因此,为了使计算结果能尽量反映实际情况,间断时点数列的间隔不宜过长。

2)根据相对指标时间数列计算序时平均数

相对指标时间数列一般是由两个相互联系的总量指标时间数列相应项对比派生而来的。计算其序时平均数时不能根据数列中的相对指标直接计算,而是先分别计算分子与分母时间数列的序时平均数,然后加以对比,即得相对指标时间数列的序时平均数,其基本公式为:

$$\bar{c} = \frac{\bar{a}}{\bar{b}}$$

式中　$\bar{c}$——相对指标时间数列的序时平均数；

　　　$\bar{a}$——分子时间数列的序时平均数；

　　　$\bar{b}$——分母时间数列的序时平均数。

（1）分子、分母为时期数列时，序时平均数的计算

　　例 5.5　某企业第二季度产值计划完成程度资料如表 5.5 所示，求第二季度各月产值的平均计划完成程度。

表 5.5　某企业第二季度产值计划完成情况

时间	4 月	5 月	6 月
实际产值/万元	360	550	714
计划产值/万元	400	500	700
计划完成程度/%	90	110	102

　　从以上资料可以看出，构成计划完成程度的分子与分母均为时期指标，其数列为时期数列。根据时期数列计算序时平均数的方法，可以算出实际产值与计划产值的序时平均数，两者对比即可得到计划完成程度的序时平均数。

　　该企业第二季度各月产值的平均计划完成程度为：

$$\bar{c} = \frac{\bar{a}}{\bar{b}} = \frac{\dfrac{\sum a}{n}}{\dfrac{\sum b}{n}} = \frac{\dfrac{360 + 550 + 714}{3}}{\dfrac{400 + 500 + 700}{3}} = 101.5\%$$

（2）分子、分母为时点数列时，序时平均数的计算

　　例 5.6　某企业 2012 年第三季度职工人数资料如表 5.6 所示，要求计算该企业第三季度生产工人占全部职工的平均比重。

表 5.6　某企业第三季度职工人数情况

时间	6 月 30 日	7 月 31 日	8 月 31 日	9 月 30 日
生产工人人数/人	520	523	549	576
全部职工人数/人	650	646	654	662
生产工人占全部职工的比重/%	80	81	84	87

　　以上资料显示，构成生产工人占全部职工的比重这一指标的分子分母均为时点指标，其数列为间隔相等间断时点数列，根据时点数列计算序时平均数的方法，可算出生产工人与全部职工的序时平均数，两者对比即可得到生

产工人占全部职工的平均比重,即

$$\bar{c} = \frac{\bar{a}}{\bar{b}} = \frac{\dfrac{a_1}{2} + a_2 + a_3 + \cdots + a_{n-1} + \dfrac{a_n}{2}}{\dfrac{b_1}{2} + b_2 + b_3 + \cdots + b_{n-1} + \dfrac{b_n}{2}}$$

$$= \frac{\dfrac{520}{2} + 523 + 549 + \dfrac{576}{2}}{\dfrac{650}{2} + 646 + 654 + \dfrac{662}{2}} = 82.82\%$$

计算结果说明第三季度生产工人占全部职工的平均比重是82.82%。

(3)分子、分母为两种性质不同的数列时,序时平均数的计算

当所给资料的分子与分母为两种性质不同的时间数列时,要计算相对指标的序时平均数,首先应判断分子、分母属于何种时间数列,然后采用不同的方法计算分子、分母的序时平均数,两者进行对比即可得到相对指标的序时平均数。

例5.7 某商场第二季度商品流转额资料如表5.7所示,要求计算第二季度平均每月商品流转次数。

表5.7 某商场第二季度商品流转次数

时间	4月	5月	6月
商品流转额/万元	280	300	440
平均商品库存额/万元	140	100	100
商品流转次数/次	2	3	4.4

表5.7中商品流转额数列是时期数列,平均商品库存额数列是由时点数列的序时平均数所形成的平均数时间数列,两者逐项相比即为各月商品流转次数。

由于分子数列与分母数列性质不同,应分别计算序时平均数,然后将两数值相比,求得该企业第二季度平均每月商品流转次数,即

$$\bar{c} = \frac{\bar{a}}{\bar{b}} = \frac{\dfrac{280 + 300 + 440}{3}}{\dfrac{140 + 100 + 100}{3}} \text{次} = 3 \text{次}$$

3)根据平均指标时间数列计算序时平均数

平均指标时间数列分为两种,一种是由一般平均数组成的时间数列,另

一种是由序时平均数所组成的时间数列。由于这两种时间数列性质不同,计算序时平均数的方法也不同。根据序时平均数所组成的平均数时间数列计算序时平均数,在时期相等时,可直接采用简单算术平均法来计算。如果时期不相等,则以时期作为权数,采用加权算术平均法来计算。至于由一般平均数所组成的平均数时间数列,实质上也是两个绝对数时间数列相应项对比所形成的,分子数列是标志总量数列,分母数列是总体单位总数数列,因此要计算这种平均数时间数列的序时平均数,也和相对数时间数列一样,先应分别计算分子数列和分母数列的序时平均数,然后将这两个序时平均数进行对比,就能求出平均指标的序时平均数。

5.2.3　增长量

增长量是用来说明某种现象在一定时期内所增长的绝对数量的动态指标,它是报告期水平与基期水平之差,反映报告期比基期增长的绝对水平,其计算公式为:

$$增长量 = 报告期水平 - 基期水平$$

当报告期水平大于基期水平时,增长量为正值,表示现象水平的增加;当报告期水平小于基期水平时,增长量为负值,表示现象水平的下降。由于所采用的基期不同,增长量可分为逐期增长量和累积增长量两种。

1)逐期增长量

逐期增长量是报告期水平与前一时期水平的差额,说明现象逐期增长的数量。若以 $a_0, a_1, a_2, \cdots, a_{n-1}, a_n$ 表示时间数列各期的发展水平,则逐期增长量为:

$$a_1 - a_0, a_2 - a_1, a_3 - a_2, \cdots, a_n - a_{n-1}$$

2)累积增长量

累积增长量是报告期水平与某一固定时期水平的差额,说明现象在一定时期内的总增长量。通常将固定时期水平选为数列的最初水平,累积增长量可表示为:

$$a_1 - a_0, a_2 - a_0, a_3 - a_0, \cdots, a_n - a_0$$

累积增长量与逐期增长量有以下关系:

首先,累积增长量等于各相应的逐期增长量之和,用公式可表示为:

$$a_n - a_0 = (a_1 - a_0) + (a_2 - a_1) + \cdots + (a_n - a_{n-1})$$

其次,相邻两项的累积增长量之差等于相应的逐期增长量,用公式表示为：

$$(a_n - a_0) - (a_{n-1} - a_0) = a_n - a_{n-1}$$

此外，为了消除季节变动的影响，还可以计算年距增长量指标，即本年某期水平减去上年同期水平的差额，表明本期发展水平比去年同期发展水平的增减数量，即：

年距增长量＝本期发展水平－去年同期发展水平

现以表 5.8 为例，说明增长量的计算。

表 5.8　某企业 2008—2013 年生产量

年份 发展水平	2008	2009	2010	2011	2012	2013
生产量/万 t	120	128	136	145	149	155
逐期增长量/万 t	—	8	8	9	4	6
累积增长量/万 t	—	8	16	25	29	35
环比发展速度/%	—	106.67	106.25	106.62	102.76	104.03
定基发展速度/%	—	106.67	113.33	120.83	124.17	129.17
环比增长速度/%	—	6.67	6.25	6.62	2.76	4.03
定基增长速度/%	—	6.67	13.33	20.83	24.17	29.17
增长 1%的绝对值/万 t	—	1.2	1.28	1.36	1.45	1.49

5.2.4　平均增长量

平均增长量是现象在一定时期内平均每期增长的绝对数量。它既可以用逐期增长量之和除以逐期增长量的项数求得，也可以用全期累积增长量除以时间数列中发展水平的项数减 1 求得。计算公式为：

$$平均增长量 = \frac{逐期增长量之和}{逐期增长量项数} = \frac{累积增长量}{时间数列项数-1}$$

例 5.8　表 5.8 某企业 1999—2003 年的平均增长量为：

$$平均增长量 = \frac{8+8+9+4+6}{5} 万 t = 7 万 t$$

或

$$平均增长量 = \frac{35}{6-1} 万 t = 7 万 t$$

5.3　时间数列的速度指标

为了进一步对社会经济现象在不同时间上的动态情况进行分析,还需要计算一系列时间数列的速度指标。常用的速度指标有发展速度、增长速度、平均发展速度和平均增长速度。

5.3.1　发展速度

发展速度是以相对数形式表示的动态指标,它是报告期水平与基期水平之比,用以说明报告期水平是基期水平的若干倍或百分之几,其计算公式为:

$$\text{发展速度} = \frac{\text{报告期水平}}{\text{基期水平}} \times 100\%$$

发展速度一般用百分数表示,有时也用倍数或系数表示。

发展速度由于采用基期的不同,分为定基发展速度和环比发展速度。定基发展速度是用报告期水平与某一固定时期水平(通常是最初水平)进行对比,说明社会经济现象在一个较长时间内的变动程度,也称"总速度"。环比发展速度是用各期发展水平与前一时期水平进行对比,说明报告期水平相对于前一时期水平逐期发展变动的情况。若用 a_0 代表最初水平,用 $a_1, a_2, \cdots,$ a_n 代表时间数列的各期发展水平,则:

$$\text{定基发展速度}: \frac{a_1}{a_0}, \frac{a_2}{a_0}, \cdots, \frac{a_{n-1}}{a_0}, \frac{a_n}{a_0}$$

$$\text{环比发展速度}: \frac{a_1}{a_0}, \frac{a_2}{a_1}, \cdots, \frac{a_{n-1}}{a_{n-2}}, \frac{a_n}{a_{n-1}}$$

定基发展速度与环比发展速度的计算见表 5.8。它们之间存在着以下换算关系:

①定基发展速度等于各相应的环比发展速度的连乘积。即:

$$\frac{a_n}{a_0} = \frac{a_1}{a_0} \times \frac{a_2}{a_1} \times \cdots \times \frac{a_n}{a_{n-1}}$$

②相邻时期定基发展速度相除等于相应的环比发展速度。即:

$$\frac{a_n}{a_0} \div \frac{a_{n-1}}{a_0} = \frac{a_n}{a_{n-1}}$$

利用上述关系可以进行两种发展速度之间的推算。例如,已知一些年份的环比发展速度,即可推算某一年的定基发展速度;如果已知定基发展速度和其他年份的环比发展速度,则可推算出某个未知年份的环比发展速度。

计算定基发展速度时,可结合特定的研究目的适当地选择基期,如为了研究特定的五年计划时期发展变化的程度,就可以选择"五年计划时期前一年"为基期来计算定基发展速度;如为了分析企业的产品产量、产值、成本、单耗、利润等指标与历史最高水平相比的发展变化情况,应当选择历史上最高水平的时期为基期来计算定基发展速度。

此外,在统计分析中,有时为了消除季节变动的影响,还需要计算年距发展速度,用以说明本期发展水平与上年同期发展水平的相对发展程度,即:

$$年距发展速度=\frac{本期发展水平}{上年同期发展水平}\times100\%$$

5.3.2 增长速度

增长速度是表明社会经济现象增长程度的相对指标。它的计算可以用报告期增长量除以基期水平求得,也可用发展速度减1求得。计算结果说明报告期水平比基期水平增长的百分比或倍数。计算公式为:

$$增长速度=\frac{增长量}{基期水平}=\frac{报告期水平-基期水平}{基期水平}$$
$$=发展速度-1(或100\%)$$

当发展速度大于1时,增长速度为正值,表明现象的增长程度,说明现象的发展方向是上升的;当发展速度小于1时,增长速度为负值,表明现象的降低程度,说明现象的发展方向是下降的。

增长速度与发展速度相对应,由于计算时采用的基期不同,增长速度也分为环比增长速度和定基增长速度两种。定基增长速度是累积增长量与固定基期水平之比,或是定基发展速度减1,表明现象在较长时期内增长的相对程度;环比增长速度是逐期增长量与前一时期发展水平之比,或是环比发展速度减1,表明现象逐期增长的相对程度。其计算公式为:

$$定基增长速度:\frac{a_1}{a_0}-1,\frac{a_2}{a_0}-1,\cdots,\frac{a_n}{a_0}-1$$

$$环比增长速度:\frac{a_1}{a_0}-1,\frac{a_2}{a_1}-1,\cdots,\frac{a_n}{a_{n-1}}-1$$

定基增长速度和环比增长速度的计算见表5.8。

在实际工作中,通常还计算年距增长速度,其作用与年距发展速度相似,即

$$年距增长速度 = \frac{年距增长量}{上年同期发展水平} = 年距发展速度 - 1$$

由于速度指标都是相对数，它会掩盖现象的绝对水平。因此，在经济分析中必须把相对指标与绝对指标结合应用，才能全面说明问题。增长 1% 的绝对值指标就是把速度指标和发展水平结合运用的一个动态指标。

增长 1% 的绝对值，是指在环比增长速度中，报告期水平比前期水平每增长 1% 所增加的绝对数量，它等于逐期增长量除以环比增长速度，即前一期水平的 1%。

$$增长 1\% 的绝对值 = \frac{逐期增长量}{环比增长速度} \times 1\% = \frac{报告期水平 - 前一时期水平}{\dfrac{报告期水平 - 前一时期水平}{前一时期水平}} \times 1\%$$

$$= \frac{前一时期水平}{100}$$

5.3.3　平均发展速度和平均增长速度

由于现象所处的历史条件不同，在时间上的发展速度就有所不同，为了进行动态分析，需要将现象在各个时间上的速度差异抽象化，计算平均速度指标。平均速度指标有平均发展速度和平均增长速度两种。

平均发展速度是各环比发展速度的平均数，是说明社会经济现象在一定发展阶段各个时间上发展速度一般水平的统计指标。平均发展速度的计算方法有水平法和累积法两种。

1）水平法

水平法又称几何平均法，是将各期环比发展速度的连乘积按环比发展速度的项数求项数次方根，以计算平均发展速度的方法。其计算公式为：

$$\bar{x} = \sqrt[n]{x_1 \cdot x_2 \cdot \cdots \cdot x_n} = \sqrt[n]{\prod x}$$

$$= \sqrt[n]{\frac{a_1}{a_0} \cdot \frac{a_2}{a_1} \cdot \cdots \cdot \frac{a_n}{a_{n-1}}} = \sqrt[n]{\frac{a_n}{a_0}}$$

式中　$\bar{x}$——平均发展速度；

$x_1, x_2, \cdots, x_n$——各期的环比发展速度；

n——环比发展速度的项数；

$\prod$——连乘符号。

例 5.9　以表 5.8 的资料为例，可以计算出某企业 1999—2003 年生产量的平均发展速度。

平均发展速度：

$$\bar{x} = \sqrt[5]{106.67\% \times 106.25\% \times 106.62\% \times 102.76\% \times 104.03\%} = 105.25\%$$

或平均发展速度

$$\bar{x} = \sqrt[n]{\frac{a_n}{a_0}} = \sqrt[5]{\frac{155}{120}} = 105.25\%$$

2) 累积法

累积法又称方程法或代数平均法,是通过研究阶段内各期实际发展水平之和与基期发展水平之比所确定的代数方程来计算平均发展速度的方法。其出发点是:所计算的各期发展水平之和等于其实际水平之和。

设 a_0 代表时间数列的最初水平,$a_1,a_2,\cdots,a_{n-1},a_n$ 代表时间数列的各期发展水平,用 $\bar{x}$ 代表平均发展速度,则按 $\bar{x}$ 计算的各期理论水平为:

第一时期:$a_0\bar{x}$

第二时期:$(a_1\bar{x})\bar{x} = a_0\bar{x}^2$

第三时期:$(a_0\bar{x}^2)\bar{x} = a_0\bar{x}^3$

……

第 n 个时期:$(a_0\bar{x}^{n-1})\bar{x} = a_0\bar{x}^n$

则方程式为:

$$a_0\bar{x} + a_0\bar{x}^2 + a_0\bar{x}^3 + \cdots + a_0\bar{x}^n = a_1 + a_2 + a_3 + \cdots + a_n = \sum a$$

上式化简后得

$$(\bar{x} + \bar{x}^2 + \bar{x}^3 + \cdots + \bar{x}^n) - \frac{\sum a}{a_0} = 0$$

这是一个一元高次方程式,解出这个方程的正根就是所求的平均发展速度。但求解该方程式是比较复杂的,一般采用查《平均增长速度查对表》的方法,来求出平均发展速度。下面简单介绍该方法的操作步骤。

①判断所研究经济现象的发展类型,即属递增型还是递减型;计算 $\frac{\sum a}{a_0}$ 与 n 的比值,若其值大于 100%,表明各期的定基发展速度平均在 100% 以上,说明经济现象属于递增型;若其值小于 100%,则说明经济现象属于递减型。

②根据不同的类型和 $\frac{\sum a}{a_0}$ 的值,查不同的平均速度表。若经济现象属于递增型,就查递增速度部分的表;反之,则查递减速度的表。通过查表即可

得平均发展速度。

根据水平法和累积法计算的平均发展速度,由于各自的理论依据和出发点不同,同一例计算结果也是不相同的。选用何种方法,应视现象特点而定。如果侧重考察所研究时段最末期的发展水平,并按水平法规定五年计划(如主要工业产品产量、产值、社会商品零售额等),则计算其平均发展速度,应采用水平法。若侧重考察所研究时段全期发展水平的总和,并按累积法规定五年计划(如固定资产投资、毕业学生人数、新增固定资产数额等),则计算其平均发展速度,应采用累积法。

平均增长速度是各个环比增长速度的平均数,只能用平均发展速度减去1(或100%)求得,其计算公式如下:

$$平均增长速度 = 平均发展速度 - 1(或 100\%)$$

计算结果为正值时叫递增速度,计算结果为负值则为递减速度。

5.4 时间数列分析

5.4.1 时间数列长期趋势分析

1)长期趋势分析的意义

长期趋势是指社会经济现象在较长时期内发展变化的基本态势。我国自改革开放以来,国民生产总值、人均粮食产量、人均纯收入等都呈现上升趋势。随着生产力水平的不断提高,高新技术在生产中的运用,产品的单位成本、原材料消耗呈现下降趋势。这些长期趋势,有的是直线增长趋势,有的是曲线增长趋势。对长期趋势进行分析,就是使用统计特有的方法,消除现象在长期发展变化中所受到的偶然的、短期因素的影响,使原时间数列得到修匀,从而使现象表现出长期发展变化的态势。

长期趋势是影响时间数列变动的主要因素,分析、测定长期趋势是非常有意义的。通过对长期趋势的研究,可以预测过去一段相当长的时间内现象持续增长或持续下降的趋势,从而掌握现象发展变化的规律;能够根据事物过去的发展趋势预测现象未来的情况;可以把长期趋势的影响从时间数列中分离开来,以便更好地研究其他因素。

2）长期趋势的测定方法

长期趋势的分析、测定是通过对时间数列进行修匀，测定时间数列变动的长期趋势，据以对现象的变动趋势进行预测。常用的方法有三种。

（1）时距扩大法

时距扩大法是指通过扩大时间数列各项指标所属的时间，并将原时间数列的各项指标数值按新设定的时距加以合并，便形成时距扩大后的新时间数列资料，由此消除因时距短而使各指标值受偶然性因素影响所引起的波动，从而使经过修匀的时间数列能够显著地反映现象发展变动的总趋势。

例 5.10　某家电制造厂 1998 年的工业产值资料如表 5.9 所示。

表 5.9　某家电制造厂 1998 年的工业产值

月份	1	2	3	4	5	6	7	8	9	10	11	12
工业产值/万元	51.3	47.2	48	49.7	60.1	47	35.9	81.2	55.5	66	72.1	76.3

从表 5.9 中可以看出，各月份的工业产值因受多种因素影响而呈上下起伏的发展状态，没有反映出明显的递增或递减的变化趋势。为此，我们采用时距扩大法，将时距由月扩大到季度，将每季度中的各月产值相加，即得各季度产值，如表 5.10 所示。

表 5.10　某家电制造厂 1998 年的工业产值

季　度	1	2	3	4
工业产值/万元	146.5	156.8	172.6	214.4

表 5.10 反映的是时距扩大后的时间数列，该厂的工业产值呈逐季递增的发展趋势。

对时点数列资料而言，由于时点数列各项数值不具可加性，因此，要根据时点数列资料采用时距扩大法来测定现象的长期趋势，就应该按照扩大后的时距计算相应的序时平均数，这样就会形成新的序时平均数数列，便可依此来分析现象发展的长期趋势。

（2）移动平均法

移动平均法是把原来时间数列的时距扩大，并采用逐项移动平均的方法计算扩大时距的序时平均数。这样就可以得出一个由序时平均数构成的新的时间数列，这个新的时间数列就能消除数列中由于偶然因素所引起的不规则变动，以反映现象的总趋势。

用移动平均法对时间数列进行修匀,主要问题是确定移动平均的项数,即扩大后的时距长度,这将直接影响到对时间数列修匀程度的高低。时距越长,包括的项数越多,偶然因素影响就越小,长期趋势越明显;反之,长期趋势就会因偶然因素的影响变得模糊不清。移动平均可以按奇数项平均,也可按偶数项平均。按奇数项平均后所得的序时平均数放在与奇数项中间一项平行的位置上;按偶数项平均需要进行两次平均,即在第一次移动平均的基础上,再进行一次两项移动平均。

例 5.11　我国 1985—1999 年政策性补贴支出中粮棉油价格补贴资料如表 5.11 所示,用移动平均法进行修匀。

表 5.11　政策性补贴支出中粮棉油价格补贴资料统计表　　　单位:亿元

年份	粮棉油价格补贴	3 年移动平均	5 年移动平均	7 年移动平均
1985	198.66	—	—	—
1986	169.37	187.82	—	—
1987	195.43	189.61	206.00	—
1988	204.03	220.66	219.79	223.53
1989	262.52	244.72	239.32	227.19
1990	267.61	265.72	245.11	235.10
1991	267.03	253.00	249.25	236.05
1992	224.35	238.71	237.15	239.69
1993	224.75	217.04	229.41	246.58
1994	202.03	218.56	238.29	267.45
1995	228.91	247.44	276.15	310.02
1996	311.39	317.99	344.21	323.50
1997	413.67	430.03	367.55	—
1998	565.04	432.48	—	—
1999	318.74	—	—	—

从表 5.11 可以看出,原时间数列中粮棉油价格补贴时高时低,但经过 3 年移动平均、5 年移动平均,特别是 7 年移动平均之后,粮棉油价格补贴逐年增多的趋势明显地表现出来。

分析现象发展趋势的一个重要目的,是对现象的发展作出科学的预测。按移动平均法修匀后的趋势值首尾损失若干项,因此不便于直接根据修匀后的数列进行预测,表明这还不是确定长期趋势的理想方法。

(3)最小平方法

最小平方法又叫最小二乘法,是分析长期趋势最常用的方法。其实质是通过数学模型,配合一条较为理想的趋势线。这条趋势线必须满足两个条件:一是原数列观察值与趋势值的离差之和为零;二是原数列观察值与趋势值的离差平方和为最小。用公式表示为:

$$\sum (y - \hat{y}) = 0$$

$$\sum (y - \hat{y})^2 = 最小值$$

最小平方法既可以对社会经济现象的发展趋势配合直线,也可配合曲线。具体要根据被研究现象发展变化的情况和原数列反映出来的现象变动特点来确定。下面介绍用最小二乘法配合趋势直线的过程。

设趋势直线方程为:

$$\hat{y} = a + bx$$

式中 $\hat{y}$——根据直线方程计算出来的趋势值;

  a——直线在 y 轴上的截距;

  b——直线的斜率,表示 x 每变动一个单位 $\hat{y}$ 的变动值;

  x——时间序号,可以是年、月、日,也可以重新设定。

将 $\hat{y} = a + bx$ 代入 $\sum (y - \hat{y})^2 =$ 最小值中,根据数学二元函数求极值的方法,用偏导数求解 a 和 b,经过整理可得到下面两个标准方程式:

$$\begin{cases} \sum y = na + b \sum x \\ \sum xy = a \sum x + b \sum x^2 \end{cases}$$

解方程组得:

$$a = \frac{\sum y}{n} - b \frac{\sum x}{n}$$

$$b = \frac{n \sum xy - \sum x \sum y}{n \sum x^2 - (\sum x)^2}$$

对时间数列来说,x 代表时间序号,可对 x 另行赋值,且令 $\sum x = 0$,这样上述求解 a 和 b 的公式可以简化为:

$$a = \frac{\sum y}{n}$$

$$b = \frac{\sum xy}{\sum x^2}$$

在对 x 重新赋值时,须注意两点:①当时间数列项数为奇数项时,设时间数列的中间项为原点,其时间值为 0,原点以前的时间序号为负,分别赋值

$-1, -2, -3, \cdots, -m\left(m=1,2,3,\cdots,\dfrac{n}{2}\right)$；原点以后的时间序号为正，分别赋值 $1, 2, 3, \cdots, m\left(m=1,2,3,\cdots,\dfrac{n}{2}\right)$。②当时间数列项数为偶数项时，时间数列的中心点仍为原点，但不赋时间值，原点以前的时间序号为负，分别赋值 -1，$-3, -5, \cdots, -(2m-1)\left(m=1,2,3,\cdots,\dfrac{n}{2}\right)$；原点以后的时间序号为正，分别赋值 $1, 3, 5, \cdots, (2m-1)\left(m=1,2,3,\cdots,\dfrac{n}{2}\right)$。

例 5.12 某地区 2005—2013 年社会商品零售额资料如表 5.12 所示，现用最小平方法配合趋势直线方程，并预测 2014 年的社会商品零售额。

设趋势直线方程为：

$$\hat{y} = a + bx$$

根据求解参数 a, b 的简化公式可得：

$$a = \frac{\sum y}{n} = \frac{2\,830}{9} \ 万元 = 314.44 \ 万元$$

$$b = \frac{\sum xy}{\sum x^2} = \frac{1\,650}{60} \ 万元 = 27.5 \ 万元$$

则趋势直线方程为：

$$\hat{y} = 314.44 + 27.5x$$

预测 2014 年该地区社会商品零售额：

$$\hat{y}_{2014} = 314.44 + 27.5 \times 5 \ 万元 = 451.94 \ 万元$$

表 5.12 某地区社会商品零售额最小平方法计算表

年份	社会商品零售额 y /万元	时间序号 x	xy	x^2	趋势值 $\hat{y}$ /万元
2005	210	-4	-840	16	204.44
2006	260	-3	-780	9	231.94
2007	220	-2	-440	4	259.44
2008	280	-1	-280	1	286.94
2009	320	0	0	0	314.44
2010	340	1	340	1	341.94
2011	360	2	720	4	369.44
2012	430	3	1 290	9	396.94
2013	410	4	1 640	16	424.44
合计	2 830	0	1 650	60	—

5.4.2 季节变动分析

1)季节变动及其意义

（1）季节变动的概念

季节变动是指某些现象由于受自然因素和社会条件的影响,在一年之内,随着季节更换而有规律性的变动。

在现实生活中,季节变动是一种极为普遍的现象。例如,商业经营中时令商品的销售量,农业生产中的蔬菜、水果、禽蛋的生产量,工业生产中的制糖、禽蛋加工、水力发电等,都受生产条件和气候变化的影响而形成有规则的周期性的重复变动。季节变动具有三个特征:一是季节变动按一定的周期进行,是一种有规律性的变动;二是季节变动每年重复进行;三是每个周期变化强度大体相同。季节变动是各种周期性变动中的重要一种,分析季节变动的原理和方法,是分析其他周期性变动的基础。

（2）分析季节变动的意义

分析季节变动的主要目的是为了取其利避其害。归纳起来,其意义如下:

①分析季节变动,掌握季节变动的规律,有利于指导当前的社会生产和各种经济活动。季节变动有时会给社会生产、人们的健康和群众的生活带来不良影响,而研究季节变动就可以认识它,从而克服、控制由于季节变动带来的消极作用,掌握其变动规律,以便更好地采取措施组织生产、预防疾病,安排好人民的经济生活。例如,在工农业生产中,由于季节变动可能影响劳动力和固定资产的利用,统计研究中掌握季节变动的规律,就可以更加合理地调配劳动力,适当安排设备的维修与保养。商业部门可以根据季节变动规律合理利用流动资金,适当地组织货源,保证市场供给。卫生部门可以根据季节变动规律,采取预防措施,减少某些疾病的发病率,提高人民的健康水平。

②分析季节变动,就可以根据季节变动规律配合适当的季节模型,结合长期趋势进行经济预测,规划未来的行动。

③分析季节变动,有利于消除季节变动对时间数列的影响,更好地研究长期趋势或循环波动。

季节变动预测一般是根据数年的时间数列资料,采用测定季节变动的各种特有方法,揭示客观事物季节变动的方向和程度,据以进行科学的预测,以便正确地指导生产、组织货源、安排市场供应,以满足社会经济发展的需要。

2）季节变动的测定方法

（1）按月（或季）平均季节指数法

如果时间数列不含长期趋势，即不受长期趋势因素的影响，而仅受季节变动因素的影响，对这样的时间数列进行季节变动测定所采用的方法称为季节指数法。季节指数法运算的一般步骤是：

①搜集历年各月（季）的资料。一般要有 3 年以上的时间数列资料，才能比较明显地表现出季节变动的规律。

②计算数年内同月（或同季）的平均数。

③计算总的月（或季）的平均数。

④计算各月（或各季）的季节指数，即：

$$各月季节指数 = \frac{各月平均数}{总的月平均数}$$

$$各季季节指数 = \frac{各季平均数}{总的季平均数}$$

⑤预测。根据季节指数和已知某年一个月或几个月的实际值，就可以采用比率法预测该年其他各月或各季的数值。

例 5.13　某地区 2009—2013 年某商品各季度销售量资料如表 5.13 所示，又知 2014 年第一、第二季度的销售量分别为 178 万件和 242 万件。试计算该商品销售量的季节指数，并预测 2014 年第三季度的商品销售量。

表 5.13　某地区 2009—2013 年某商品销售量季节指数计算表　　单位：万件

年份	一季度	二季度	三季度	四季度	合计
2009	77	125	240	155	597
2010	113	140	335	130	718
2011	148	193	370	155	866
2012	160	215	390	187	952
2013	172	231	452	207	1 062
5 年合计	670	904	1 787	834	4 195
分季平均数	134	181	357	167	210
季节指数/%	63.8	86.2	170.0	79.5	399.5
调整后季节指数/%	63.9	86.3	170.2	79.6	400

第一步　计算 5 年间同季平均销售量。如：

一季度平均销售量=(77+113+148+160+172)/5 万件=134 万件

第二步　计算 5 年间总的季平均销售量。

总的季平均销售量=4 195/20 万件=210 万件

第三步　计算各季度的季节指数。如：

一季度的季节指数=134/210=63.8%

第四步　调整季节指数。

调整系数=400/399.5=1.001 25

调整后一季度的季节指数=63.8%×1.001 25=63.9%

第五步　根据季节指数进行预测。

$$2014\ 年第三季度预计销售量=\frac{178+242}{0.638+0.863}×1.702\ 万件=476\ 万件$$

从计算表中可以看出,季节指数形成了一个时间数列,从数列中看出该商品销售量在一年中的变化规律,第三季度为销售旺季。

月(季)平均季节指数法的优点是计算简便,容易理解。但是,在事物发展过程中,特别是在年数较多的情况下,除了季节变动之外,还包含着长期趋势等因素在内,而月(季)平均季节指数法并未考虑这些因素对季节变动的影响,要解决这一问题,就需要用另一种方法——趋势剔除法。

（2）长期趋势剔除法

长期趋势剔除法是先剔除时间数列中的长期趋势,然后再进行季节变动的测定。具体方法如下：

①用表列出 3 年以上分月(季)资料。

②计算移动平均数,剔除偶然因素影响。如果是月份资料,采用 12 项移动平均;如果是季度资料,采用 4 项移动平均。由于是偶数项移动平均,趋势值 $\hat{y}$ 需分两步求得。

③用时间数列中各月(季)的实际值 y 与其相对应的趋势值 $\hat{y}$ 对比,计算 $y/\hat{y}$ 的百分比数值。

④把 $y/\hat{y}$ 的百分比数值按月(季)排列,计算出各年同月(季)的总数和平均数;这个平均数就是各月(季)的季节指数。

⑤把各月(季)的季节指数加起来,其合计应等于 1 200%(若是季度资料其合计应等于 400%),如果不符,还应把 1 200%与实际加总的各月季节指数相比求出校正系数,将校正系数分别乘上各月的季节指数,随即可得出剔除了长期趋势后的季节指数。

例 5.14　现以某商店某商品的销售量资料为例,说明其计算方法。如表 5.14、表 5.15 所示。

表 5.14　某商店某商品销售量的季节变动表　　　　单位:百件

年份	月份	销售量 y	移动平均 (12 个月)	$\hat{y}$	$y/\hat{y}$ 100%
2011	1	40			
	2	34			
	3	36			
	4	34			
	5	35			
	6	32	35.17		
	7	28	35.00	35.09	79.79
	8	34	34.83	34.92	97.37
	9	34	35.17	35.00	97.14
	10	37	35.00	35.09	105.44
	11	38	34.75	34.88	108.94
	12	40	34.58	34.63	115.51
2012	1	38	34.75	34.66	109.62
	2	32	34.67	34.71	92.19
	3	40	34.83	34.75	115.11
	4	32	34.75	34.79	91.98
	5	32	34.58	34.67	92.30
	6	30	34.75	34.67	86.53
	7	30	34.25	34.50	86.96
	8	33	34.58	34.42	95.89
	9	36	34.33	34.46	104.48
	10	36	34.75	34.54	104.23
	11	36	34.17	34.46	104.47
	12	42	34.08	34.13	123.06
2013	1	32	34.17	34.13	93.76
	2	26	34.17	34.17	105.36
	3	37	33.83	34.00	108.82
	4	31	33.75	33.79	91.74
	5	31	33.83	33.79	91.74
	6	29	34.67	34.25	84.67
	7	31			
	8	33			
	9	32			
	10	35			
	11	37			
	12	52			

　　将表 5.14 中各月季节指数相加,得1 193.58%小于1 200%,须用1 200%/1 193.58%=100.54%作为校正系数,分别乘上各月的季节指数,即得剔除长期趋势影响后的季节指数(如表 5.15 最后一栏)。

表 5.15　某商店某商品销售量的季节指数计算表(%)

	2011	2012	2013	合计	调整前季节指数	调整后季节指数
1	—	109.62	93.76	203.38	101.69	102.24
2	—	92.19	105.36	197.55	98.78	99.31
3	—	115.11	108.82	223.93	111.97	112.57
4	—	91.98	91.74	183.72	91.86	92.36
5	—	92.30	91.74	184.04	92.02	92.52
6	—	86.53	84.67	171.21	85.60	86.06
7	79.79	86.96	—	166.75	83.38	83.83
8	97.37	95.89	—	193.26	96.63	97.15
9	97.14	104.48	—	201.62	100.81	101.35
10	105.44	104.23	—	209.67	104.84	105.41
11	108.94	104.47	—	213.41	106.71	107.29
12	115.51	123.06	—	238.57	119.29	119.93
合计	—	—	—	—	1 193.58	1 200.02

计算结果表明,该地某商店销售存在明显季节性变动。每年从 9 月份进入销售旺季,一直持续到次年 3 月,从 4 月起迅速回落,一直到 8 月都是销售淡季。

【本章小结】

时间数列是将反映社会经济现象的某一指标在不同时间上的指标数值按照时间的先后顺序排列而成的数列,又称动态数列或时间序列。根据统计指标编制的时间数列,可分为总量指标时间数列、相对指标时间数列和平均指标时间数列。其中总量指标时间数列是基本数列,并将其分为时期数列和时点数列。

时间数列的水平指标有发展水平、平均发展水平、增长量和平均增长量。发展水平就是时间数列中的每一项具体的指标数值;平均发展水平是将时间数列中不同时间上的指标数值加以平均所得的平均数,又称序时平均数;增长量是报告期水平与基期水平之差,可分为逐期增长量与累积增长量两种;

平均增长量是现象在一定时期内平均每期增长的绝对数量。

时间数列的速度指标有发展速度、增长速度、平均发展速度和平均增长速度。发展速度是报告期水平与基期水平之比，可分为定基发展速度和环比发展速度两种；增长速度是报告期增长量与基期水平之比，可分为定基增长速度和环比增长速度两种；平均发展速度是各期环比发展速度的平均数；平均发展速度减1即为平均增长速度。

长期趋势的测定主要方法有时距扩大法、移动平均法和最小平方法。

季节变动测定的主要方法有按月平均法和长期趋势剔除法。

【思考题】

1.什么是时间数列，其基本构成要素是什么？

2.时期数列和时点数列有何特点？

3.编制时间数列应遵循哪些原则？

4.什么是序时平均数？它与静态平均数有何区别？

5.什么是长期趋势？测定长期趋势有何意义？

6.什么是现象的季节变动？为什么要测定季节变动？

【练习题】

1.已知某地区 2013 年工业总产值为 7 015 万元，2009 年至 2013 年各年的环比增长速度如下：

年份	2009	2010	2011	2012	2013
环比增长速度/%	7.5	4.6	8.7	10.2	14

要求：(1)计算各年发展水平；(2)计算各年逐期增长量和累积增长量；(3)计算 2009—2013 年的定基增长速度及增长 1% 的绝对值；(4)计算 2009—2013 年间的平均发展速度和平均增长速度。

2.某企业 2013 年末职工人数为 1 300 人，2014 年上半年各月末职工人数资料如下表。试计算该企业 2014 年上半年平均职工人数。

时间	1月末	2月末	3月末	4月末	5月末	6月末
职工人数/人	1 296	1 280	1 250	1 200	1 200	1 180

3. 某企业 2014 年钢材库存量资料如下表,要求计算该企业 2014 年上半年、下半年以及全年的平均库存量。

时间	2013 年 12 月 31 日	2014 年 3 月 31 日	6 月 30 日	8 月 31 日	12 月 31 日
钢材库存量/t	200	180	210	220	240

4. 某厂"十一五"期间销售量资料如下表:

年度	销售量 /万件	增长量/万件		发展速度/%		增长速度/%	
		累积	逐期	定基	环比	定基	环比
2005	285	—	—	—	—	—	—
2006			90				
2007		106					
2008						45.2	
2009					136		
2010							3.2

要求:计算表中所缺数字。

5. 某企业职工人数资料如下:

时间	1 月 1 日	2 月 1 日	3 月 1 日	4 月 1 日	5 月 1 日	6 月 1 日	7 月 1 日
职工人数/人	1 000	1 010	1 013	1 020	1 018	1 023	1 025
非生产人员/人	180	175	171	174	167	167	165

要求:计算该企业第一、第二季度非生产人员占职工人数的平均比重。

6. 某企业 2014 年的钢产量为 156 万 t,如果该企业的钢产量以 8% 的递增速度发展,那么到 2015 年该企业的钢产量为多少?

7. 某企业 2013 年的生产量为 5 200 件,如果以后每年以 10% 的平均增长速度发展,问需要多少年该企业的生产量可以翻两番?

8. 某商店 2009—2014 年商品销售额资料如下表:

年份	2009	2010	2011	2012	2013	2014
商品销售额/万元	328	350	346	410	435	480

要求:用最小平方法配合直线趋势方程,并预测 2015 年的商品销售额。

第 6 章
统 计 指 数

【学习目标】

通过本章学习,理解统计指数的意义、种类和作用。掌握综合指数、平均数指数的编制方法。能够建立指数体系并从相对数和绝对数两个方面进行因素分析。

6.1 统计指数的意义和种类

6.1.1 统计指数的意义

统计指数,又叫经济指数,是与数学指数完全不同的概念。统计指数产生于 18 世纪的欧洲,当时物价飞涨,社会动荡不安,于是产生了反映物价变动程度的要求,这就是物价指数产生的根源。最初的物价指数局限于单一商品的价格在不同时间上的对比(即个体指数),不能反映价格变动的全貌。

人们研究多种商品的价格变动是以研究个体指数为起点,然后以个体指数进行简单的算术平均,几何平均或调和平均,后来发展到加权平均,来反映全部商品的价格总变动,这便是统计总指数的雏形。在统计学理论中,统计指数主要指总指数。

对于统计总指数的概念,统计学界认为有广义和狭义两种理解。广义指数指同类社会经济现象数量对比的相对数,如前已述及的计划相对数、比较相对数、动态相对数等。狭义指数是指不能直接加总对比的复杂社会经济现象总体综合变动的相对数,如要说明我国社会商品零售价格综合变动情况,由于各种商品的经济用途、规格、计量单位不同,不能直接将各种商品的价格简单对比,而要解决这种复杂经济现象各要素相加的问题,就要使用统计指数。

统计学所要研究的指数,主要是指狭义指数。

统计指数在社会经济领域中具有广泛的应用,如股票价格指数是用来表示多种股票价格一般变动趋势的相对数,其中以发行量加权平均的综合股价指数,称市价总额指数,以交易量加权平均的综合股价指数,称为成交总额指数,股票价格指数又称为一国经济晴雨表。工业生产指数是综合反映工业产品产量增减变动的相对数,用来表明一个国家国民经济发展的状况。居民消费价格指数就是通常所说的生活消费指数,可以用来表明居民生活费用变动的程度等。

6.1.2 统计指数的分类

统计指数从不同的角度加以分类:

1）个体指数与总指数

指数按其说明的对象范围不同，分为个体指数与总指数两种。

个体指数是反映复杂社会经济现象总体中个别要素变动情况的相对数，属于广义指数，如：

商品销售量个体指数　　　　$K_q = q_1 / q_0$

价格个体指数　　　　　　　$K_p = p_1 / p_0$

成本个体指数　　　　　　　$K_z = z_1 / z_0$

式中　q_1, p_1, z_1——商品的报告期销售量、销售价格及单位成本；

　　　q_0, p_0, z_0——同一种商品的基期销售量、销售价格及单位成本。

总指数是反映由不能直接相加的许多个别事物构成的现象总体变动的相对数，属于狭义指数。例如：工业生产指数、社会商品零售价格指数、社会商品零售量指数、居民消费价格指数等都是总指数。

2）简单指数与加权指数

从对个体指数加以平均求得总指数时所用的方法不同，可以看出，统计指数有简单平均法和加权平均法之别。凡是用简单平均法算出的总指数简称简单指数；凡是用加权平均法算出的总指数简称加权指数。目前常用的总指数都是加权指数。

3）综合指数、平均数指数和平均指标指数

总指数按其编制方法的不同可以分为综合指数、平均数指数和平均指标指数。综合指数是通过确定同度量因素，把不能同度量的个体现象过渡为可以同度量，然后加总对比而计算的统计指数。平均指数一般就是上述的加权指数。上述这两类指数是指数方法论中的主流。平均指标指数则是通过两个有联系的加权算术平均数对比而计算出的统计指数。

4）数量指标指数和质量指标指数

这是按指数性质不同进行的分类。

数量指标指数，是用来反映社会经济现象物量变动水平的相对数。例如，职工人数指数、产品产量指数、商品销售量指数等。

质量指标指数，是用以反映社会经济现象质量内涵变动情况的相对数。例如，成本指数、物价指数、劳动生产率指数等。

5)动态指数和静态指数

动态指数,是说明现象在不同时间上发展变化情况的指数。例如,股票价格指数、社会商品零售价格指数、农副产品产量指数等。

静态指数,是反映现象在同时期不同空间的对比情况的指数。例如,计划完成情况指数、地区经济综合评价指数。

6.1.3 统计指数的作用

1)可用于测定不能直接相加和不能直接对比的现象综合变动方向和程度

在从事统计分析工作的时候,经常为所研究的总体中的个体不能直接相加所困扰,从而无法对社会经济现象总体作进一步的综合对比分析。以表6.1为例。

表6.1 某企业三种产品产量统计表

产品名称	计量单位	上年产量	今年产量	今年为上年的%
甲产品	双	20 000	24 000	120
乙产品	件	8 000	8 000	100
丙产品	米	15 000	12 000	80

上述资料表明,今年该单位三种产品产量比上年有增有减,但由于三种产品使用价值不同,计量单位不同,因此就求不出该厂上年与今年的产品总量,前后期也无法进行综合对比,从总产量上就无法搞清是增产还是减产。这时就需要利用统计指数的方法,把这些不能直接相加对比的现象,过渡到可以综合对比的数量,以计算出总体的综合变动方向和程度。

2)分析现象总变动中各因素变动的影响方向和影响程度

社会经济现象总体的数量变化,往往是由两个和两个以上因素共同作用的结果。如:生产成本就是由产量和单位产品成本两个因素构成。生产成本的增减与否及增减程度的大小,取决于产量和单位成本的增减与否及增减程度。对于经济现象总体,我们应用统计指数,根据其经济上的联系,建立指数体系,分析各因素变动对总体的影响。分析可以从相对数和绝对数两个方面进行,这是统计分析中广泛采用的一种方法,通常称为因素分析法。

3) 研究社会经济现象在长时间内的发展变化趋势

通过由连续编制的动态统计指数形成的指数数列,可反映事物的发展变化趋势。这种方法特别适用于对比分析有联系而性质又不同的时间数列之间的变动关系,因为用指数的变动进行比较,可以解决不同性质数列之间不能对比的困难。

6.2 综合指数

总指数主要有综合指数和平均数指数。综合指数是两个总量指标的比值,其中每一个总量指标都可以分解为两个或两个以上的因素指标,将其中一个或几个因素固定下来,仅观察其中一个因素的变动。它是计算总指数的基本形式。综合指数具有显著的特点:

①通过同度量因素的媒介作用,进行先综合后对比。例如要观察某企业两个时期产品产量的变化,由于该企业生产的产品使用价值不同,计量单位各异,各种产品的产量不能直接相加,但如果把产量转变为产值,就可以进行两个时期的对比计算了。在这种转变中,必须选择出厂价格作为同度量因素。

②把同度量因素的时期固定。

③利用综合指数进行经济分析。一般从两个方面分析:其一,把指数减去100%,观察现象的升降程度;其二,根据指数的子项与母项之差,说明由于指数的变动而产生的绝对数影响效果。

综合指数有数量指标和质量指标综合指数之分,其编制方法有所不同,下面分别介绍。

6.2.1 数量指标综合指数的编制

在实际工作中,工业产品产量指数、商品销售量指数等都属于数量指标指数。现以商品销售量指数为例,说明数量指标指数的编制过程。

某商场销售 A,B,C 三种商品,其销售情况如表 6.2 所示。

此表中,报告期与基期相比三种商品的销售量有增有减,其销售量个体指数分别为:150%,105%,90%。但是,现在的问题是,如何从总体上反映该商场销售量综合变动方向和变动程度呢?

很明显,肯定不能把三种商品的销售量加总起来进行对比,因为各种产品使用价值、计量单位都不同,将它们的产量直接相加进行综合对比,没有任何经济意义。对于这种现象只能通过综合指数来反映。那么,应该怎样来编制综合指数呢?

表 6.2 某商场销售情况统计分析表

商品名称	计量单位	销售单价/元		销售量		销售额/元			
		基期 p_0	报告期 p_1	基期 q_0	报告期 q_1	$p_0 q_0$	$p_1 q_1$	$p_0 q_1$	$p_1 q_0$
A	千克	25	20	1 000	1 500	25 000	30 000	37 500	20 000
B	件	100	100	100	105	10 000	10 500	10 500	10 000
C	台	150	180	100	90	15 000	16 200	13 500	18 000
合计	—	—	—	—	—	50 000	56 700	61 500	48 000

1)引入同度量因素

同度量因素就是在编制综合指数过程中,将不能直接相加的因素,转化为能够相加的量的媒介因素。同度量因素在综合指数的编制过程中主要起着过渡或媒介作用。

表 6.2 中,A,B,C 三种商品的使用价值,计量单位都不同,销售量不能直接加总对比。但是人类劳动所创造的产品,除了具有使用价值外,还有价值。可以通过销售价格这个因素为媒介,将具体劳动所创造的反映产品使用价值的实物量,转变为劳动所创造的价值量,即将各种商品的销售量乘以各自的单位商品销售价格,得出销售额,即:

销售量×销售价格=销售额

这样,通过销售价格这个同度量因素,把不能同度量的销售量转化为销售额,这时就可以直接加总对比了。

2)把同度量因素时期固定

用 p 表示销售价格,q 表示销售量,下标 1 和 0 分别表示报告期和基期。就计算销售量指数来说,不能用 $\sum p_1 q_1 / \sum p_0 q_0$ 来表示。因为这个比值不但包括销售量的变动,也包括了销售价格的变动。要单纯反映销售量的变动,就要将商品的销售价格固定,以排除销售价格变动的影响。即假定两个时期的商品销售量都是与同一销售价格计算的销售额。

用公式表示:

$$I_{q} = \frac{\sum pq_1}{\sum pq_0} \tag{6.1}$$

式中 I_q——商品销售量指数；

q_0——基期商品销售量；

q_1——报告期商品销售量；

p——同一个时期的价格。

从式中可以看出，计算综合指数，必须把同度量因素时期固定。在表6.2中，要测定商品销售量的变动，同度量因素销售价格有基期、报告期两种选择，不同的选择有不同的结果，且经济内容不同。现分析如下：

（1）用基期价格作为同度量因素

其公式和计算过程为（根据表 6.2）：

$$I_{q} = \frac{\sum p_0 q_1}{\sum p_0 q_0} = \frac{61\ 500}{50\ 000} \times 100\% = 123\%$$

$$\sum q_1 p_0 - \sum q_0 p_0 = (61\ 500 - 50\ 000)\ 元 = 11\ 500\ 元$$

这个指数的经济意义：将同度量因素（价格）固定在基期，该商场 A，B，C 三种商品销售量提高了 23%，由于销售量的提高而增加的销售额为 11 500元。

（2）用报告期价格作为同度量因素

其公式和计算过程为：

$$I_{q} = \frac{\sum q_1 p_1}{\sum q_0 p_1} = \frac{56\ 700}{48\ 000} \times 100\% = 118.13\%$$

$$\sum q_1 p_1 - \sum q_0 p_1 = (56\ 700 - 48\ 000)\ 元 = 8\ 700\ 元$$

这个指数的经济意义为：将同度量因素固定在报告期，该商场三种商品的销售量共提高了 18.13%，由于销售量的提高使销售额增加了 8 700 元。

以上计算结果表明：由于同度量因素固定的时期不同，其结果是不同的，那么在计算数量指标指数时，把同度量因素固定在哪一个时期好呢？

在实际统计工作中，计算销售量指数时，一般采用基期价格作为同度量因素。因为编制销售量指数的目的是要排除价格因素变动的影响，单纯反映商品销售量的总变动。把同度量因素固定在报告期，则包含了价格变化在内。要假定价格不变，就该用基期价格，才符合经济现象变动的客观实际。

在这里，商品销售量指数属于数量指标指数，价格是同度量因素，属于质量指标，它具有普遍意义。

综上所述,编制两因素数量指标指数时,一般包括三个步骤:

①选择质量指标作为同度量因素;

②把同度量因素固定在基期;

③先综合(如表 6.2);后对比。其对比计算公式:

$$I_q = \frac{\sum p_0 q_1}{\sum p_0 q_0} \tag{6.2}$$

这又叫拉氏公式。在 1864 年,由德国的拉斯贝尔提出了同度量因素固定在基期的公式。

6.2.2 质量指标综合指数的编制

质量指标指数是用来测定质量指标的变动情况,常用的质量指标指数有产品成本指数、商品价格指数、劳动生产率指数等,现在以单位产品成本指数为例讲述质量指标指数的编制过程。

设某厂 4 种产品产量及单位成本情况如表 6.3 所示。

表 6.3 某工厂四种产品产量及单位成本统计分析表

商品名称	计量单位	产量		单位成本/元		生产成本/元			
		基期 q_0	报告期 q_1	基期 z_0	报告期 z_1	$q_0 z_0$	$q_0 z_1$	$q_1 z_0$	$q_1 z_1$
甲	乙	①	②	③	④	⑤ =①×③	⑥ =①×④	⑦ =②×③	⑧ =②×④
A	件	1 000	1 200	40	36	40 000	36 000	48 000	43 200
B	辆	500	600	150	140	75 000	70 000	90 000	84 000
C	台	400	360	50	60	20 000	24 000	18 000	21 600
D	千克	500	400	20	25	10 000	12 500	8 000	10 000
合计	—	—	—	—	—	145 000	142 500	164 000	158 800

表中这 4 种产品的单位成本个体指数为 90%,93.33%,120%,125%,报告期与基期相比,单位产品成本有升有降,要衡量该工厂单位产品成本的综合变动方向和程度,由于 4 种产品的使用价值不同,计量单位不同,不能直接加总对比,必须计算单位产品成本指数。编制单位产品成本总指数,需运用综合指数的基本原理合理解决以下问题:

1）引入同度量因素，使不能直接相加的量同度量化

根据经济方程式：

产品产量×单位产品成本＝生产成本

从此式中可以看出，要计算质量指标（单位产品成本）指数，数量指标（产量）是同度量因素，它能将不能同度量的单位产品成本转化为可以同度量的生产成本。通过产量这个同度量因素，将两个时期各种产品的单位成本转化为生产成本后，就可以将这 4 种产品在两个时期的生产成本分别汇总，再进行对比。

2）把同度量因素时期固定

通过经济方程式可以看出，生产成本的变动不仅受单位产品成本变动的影响，同时还要受产品产量变动的影响。要编制单纯反映单位产品成本综合变动情况的总指数，就必须将产量的时期固定，以排除产量变动的影响。即假定报告期、基期的生产成本都是按同一时期的产量计算的。

用公式表示：

$$I_z = \frac{\sum z_1 q}{\sum z_0 q} \tag{6.3}$$

式中　I_z——单位成本指数（质量指标指数）；

　　　z_0, z_1——基期、报告期的产品单位成本；

　　　q——各种产品的产量。

产量有基期产量和报告期产量之分，使用不同时期的产量作为同度量因素，计算出来的单位成本指数会有不同的结果，也具有不同的经济意义。现分析如下：

（1）以基期产量作为同度量因素

其计算公式：
$$I_z = \frac{\sum q_0 z_1}{\sum q_0 z_0}$$

将表 6.3 中第⑥项和第⑤项代入：

$$I_z = 142\ 500/145\ 000 = 98.28\%$$

$$\sum q_0 z_1 - \sum q_0 z_0 = (142\ 500 - 145\ 000)\ 元 = -2\ 500\ 元$$

这个指数的经济意义：将同度量因素固定在基期，该工厂的单位产品成本水平报告期比基期下降了 1.72%；由于单位成本的下降，使生产总成本减少 2 500 元。

（2）将同度量因素固定在报告期

其计算公式为：
$$I_z = \frac{\sum q_1 z_1}{\sum q_1 z_0}$$

将表6.3中第⑧项和第⑦项代入：
$$I_z = 158\,800/164\,000 = 96.83\%$$
$$\sum q_1 z_1 - \sum q_1 z_0 = (158\,800 - 164\,000) 元 = -5\,200 元$$

这个指数的经济意义：该工厂4种产品的单位成本的总水平报告期比基期下降了3.17%，由于单位产品成本的下降，使该厂的生产总成本节约5 200元。

以上两种计算结果表明，把同度量因素固定在报告期或基期，其结果是不同的。那么，在计算质量指标指数时，应把同度量因素固定在哪个时期呢？

这要根据实际情况和分析研究的目的来确定。一般来讲，编制单位产品成本指数，一方面要反映单位产品成本水平变动的方向和程度，另一方面也要反映这种变动对企业的整体效益所带来的实际影响，即单位产品成本变化对企业生产费用支出的影响。因为单位产品成本的变化在报告期，企业也更关心在报告期水平下，由于单位成本的变动，生产费用多支出多少，所以从理论上来讲编制单位产品成本总指数（质量指标指数）时，应当以报告期的实际产量（数量指标）作为同度量因素，才具有现实的经济意义，也具有普遍意义。

因此，学术界多数人主张，编制质量指标综合指数时，应选择数量指标作为同度量因素并且把时期固定在报告期。一般公式为：
$$I_p = \frac{\sum p_1 q_1}{\sum p_0 q_1} \tag{6.4}$$

式中　I_p——质量指标综合指数；

　　p_0, p_1——基期、报告期的质量指标；

　　q_1——报告期的数量指标、同度量因素。

这个公式又叫派氏公式。因在1874年德国的派许提出了同度量因素固定在报告期的公式。

以上讲述了编制综合指数的两种方法，但在实际编制中，要根据研究对象的不同情况，分析任务的不同要求，资料取得方法的难易程度来具体确定。如在 $I_p = \sum p_1 q_1 / \sum p_0 q_1$，报告期的 q_1，有时不易得到，所以不得不考虑采用 q_0，利用 $I_p = \sum p_1 q_0 / \sum p_0 q_0$ 计算，因此，在实际工作中对于公式应灵活运用。股票价格指数就是一个实例。

股票价格指数是反映某一股票市场上多种股票价格变动趋势的一种相对数,其计量单位一般用"点"来表示。股票价格指数的计算方法一般有两种:

$$基期加权综合股价指数 = \frac{\sum p_1 q_0}{\sum p_0 q_0}$$

$$报告期加权综合股价指数 = \frac{\sum p_1 q_1}{\sum p_0 q_1}$$

式中 p_0——样本股票基期的股价;

p_1——样本股票报告期的股价;

q_0——样本股票基期的发行量;

q_1——样本股票报告期的发行量。

以基期发行量加权的股价指数,称为市价总额指数,以报告期发行量加权的综合股价指数,称为成交总额指数。

例:现根据表 6.4,计算股票价格指数。

表 6.4　4 种股票价格和发行量资料

股票名称	股票价格/元		发行量/万股
	前日收盘价 p_0	本日收盘价 p_1	q_0
A	9.0	8.5	10 000
B	5.6	6.0	5 000
C	12.0	13.1	3 000
D	15.2	16.1	3 000

解 根据基期加权公式计算:

$$I_p = \frac{\sum p_1 q_0}{\sum p_0 q_0}$$

$$= \frac{8.5 \times 10\,000 + 6.0 \times 5\,000 + 13.1 \times 3\,000 + 16.1 \times 3\,000}{9.0 \times 10\,000 + 5.6 \times 5\,000 + 12.0 \times 3\,000 + 15.2 \times 3\,000}$$

$$= \frac{202\,600}{199\,600} \times 100\% = 101.5\%$$

即股票价格上升 1.50 点。

6.3 平均数指数

综合指数能很好地实现狭义的统计指数的几种基本作用,但它又有很大的局限性,即在取得数据资料方面只能采取全面调查法。以表 6.3 为例要编制一个综合反映 4 种产品单位成本变动程度的指数,必须同时具有这 4 种产品报告期、基期的全面单位成本的调查数据,缺少任何一项都无法计算。

那么有没有一种指数,既可以反映复杂社会经济现象的综合变动程度,又可以采用多种调查方法,在取得所需数据上具有灵活性呢?平均数指数即具有这种功能。

平均数指数又叫平均指数,它从个体指数出发,即先算出数量指标或质量指标的个体指数,然后对个体指数进行加权平均,得出平均指数,据以测定现象总体的变动方向和程度。

平均数指数与综合指数都是总指数的基本形式,其区别主要表现为:第一,出发点不同。综合指数从现象总体的总量出发,是两个总量指标的比值,利用同度量因素,将不能直接相加的量过渡到可以加总对比,以观察现象总量的综合变动方向和程度。而平均数指数从个体指数出发,通过对个体指数加权平均,来测定现象总体的变动方向和变动程度的。第二,应用条件不同,综合指数没有平均数指数宽松和灵活。若能取得全面调查资料,则两种指数都可以使用,若不能得到全面资料,则只能用平均指数。故而,平均数指数应用更为广泛。

平均数指数有两种计算形式:一种是加权算术平均数指数;另一种是加权调和平均数指数。

6.3.1 加权算术平均数指数

加权算术平均数指数,是以个体指数为变量值,以一定时期的总值资料为权数对个体指数进行加权算术平均所计算的总指数。

对于这个概念,应从两个方面理解:其一,这里的变量 x 是个别事物的个体指数;其二,平均数指数的计算采用加权算术平均数形式,类似于第 4 章 $\bar{x} = \dfrac{\sum xf}{\sum f}$ 的形式。

以表 6.5 为例(注:为理解平均数指数的应用条件,仍使用表 6.2 的例子,但对已知资料的形式作了调整）来说明销售量总指数的计算过程。

表 6.5　某商场经营的三种商品加权算术平均数指数计算表

商品 名称	基期销售额 p_0q_0/万元	个体销售量指数 $K_q = q_1/q_0$	$K_q p_0 q_0$
A	2.5	1.5	3.75
B	1.0	1.05	1.05
C	1.5	0.90	1.35
合计	5.0	——	6.15

由于掌握的资料不全，无法直接运用综合指数的公式计算总指数，需变形使用。

设 K_q 为商品销售量个体指数，则

$$K_q = q_1/q_0$$

所以

$$q_1 = K_q q_0$$

有

$$I_q = \frac{\sum p_0 q_1}{\sum p_0 q_0} = \frac{\sum K_q p_0 q_0}{\sum p_0 q_0} \qquad (6.5)$$

将表 6.5 中的资料代入，则

$$I_q = \frac{\sum K_q p_0 q_0}{\sum p_0 q_0} = 6.15/5.0 \times 100\% = 123\%$$

$$\sum K_q p_0 q_0 - \sum p_0 q_0 = (6.15 - 5.0) \text{万元} = 1.15 \text{万元}$$

结果表明：该商场销售的 3 种商品报告期与基期相比，总体上提高了 23%，由于销售量的提高，使销售额增加了 1.15 万元。这与利用数量指标综合指数计算的结果相同。

从上例中可知，当已知个体数量指标指数 K_q 和相应的各项基期总价值指标 p_0q_0 时，就可以利用加权算术平均数的公式计算总指数，这样可以极大地方便我们的统计工作。

加权算术平均数指数在实际经济生活中应用较多，如工业生产指数。它是以基期的增加值 p_0q_0 为权数，以代表产品的个体产量指数 K_q 为变量值，采用加权算术平均法计算的总指数，用来综合反映工业产品的增减变化，表明一个国家国民经济发展的状况。世界大多数国家都十分重视编制工业生产指数。我国过去未曾编制过类似的工业生产指数，随着新国民经济核算体系的实施，也编制了此类工业生产指数，以便国际对比。

另外,加权算术平均数指数也可以用相对数作为权数。利用相对数作为权数计算的总指数经济应用也比较多,如我国的社会商品零售价格总指数,居民消费价格指数等。以相对数作为权数,通常都采用固定权数的形式,其一般公式为:

$$I_q = \sum KW / \sum W$$

式中　K——个体指数;

　　　W——确定的固定比重。

例:某地区的资料如表 6.6,编制该地区商品零售价格总指数:

表 6.6　某地区零售商品个体指数、固定权数情况表

商品类别	个体指数 K_p/%	固定权数 W
1.食品类	120.00	56
2.衣着类	100.00	12
3.日用品类	102.00	10
4.文化娱乐用品类	110.00	4
5.书报杂志类	90.00	2
6.药品及医疗用品类	100.00	5
7.建筑材料类	100.00	5
8.燃料类	120.00	6
合计	—	100

则该地区的商品零售价格总指数为:

$$I_p = \sum K_p W / \sum W$$
$$= (120\% \times 56 + 100\% \times 12 + 102\% \times 10 + 110\% \times 4 +$$
$$90\% \times 2 + 100\% \times 5 \times 2 + 120\% \times 6)/100$$
$$= (112.8/100) \times 100\% = 112.8\%$$

即该地区的零售商品物价总体上涨了 12.8%。

6.3.2　加权调和平均数指数

在实际工作中,视掌握资料的情况,有时可采用加权调和平均数计算总指数。

加权调和平均数指数是对个体指数按加权调和平均数方式进行平均计算的总指数。在这里,个体指数为变量值,而权数则是综合指数公式的子项

资料。

对于这个概念,可以从两个方面进行理解:其一,变量值 x 是个别事物变动程度的个体指数;其二,采用类似第 4 章中所提及的 $\bar{x} = \dfrac{\sum m}{\sum \dfrac{m}{x}}$ 调和平均数计算公式计算总指数。现以表 6.7 为例(注:为便于对比,仍采用表 6.3 的例子,但对已知资料的形式作了调整)来说明单位产品成本总指数的计算过程。

表 6.7　某工厂生产的 4 种产品加权调和平均数指数计算表

商品名称	报告期生产总成本 $z_1 q_1$/万元	单位成本个体指数 $K_z = z_1/z_0$　/%	$\dfrac{1}{k_z} \times z_1 q_1$/万元
A	4.32	90.00	4.80
B	8.40	93.33	9.00
C	2.16	120.00	1.80
D	1.00	125.00	0.80
合计	15.88	—	16.40

由于掌握的资料不全,不能使用综合指数公式计算总指数,必须对它加以变形。

令　　　　　　　　　$K_z = z_1/z_0$(个体单位成本指数)

则有　　　　　　　　　$z_0 = z_1/K_z$

代入　　　$I_z = \dfrac{\sum q_1 z_1}{\sum q_1 z_0} = \dfrac{\sum q_1 z_1}{\sum q_1 \times \dfrac{z_1}{K_z}}$

所以　　　$I_z = \dfrac{\sum z_1 q_1}{\sum \dfrac{1}{K_z} z_1 q_1}$ 　　　　　　　　　　　(6.6)

将表 6.7 中数据代入式(6.6),得

$$I_z = \dfrac{\sum z_1 q_1}{\sum \dfrac{1}{K_z} z_1 q_1} = (15.88/16.40) \times 100\% = 96.83\%$$

$$\sum z_1 q_1 - \sum \dfrac{1}{K_z} z_1 q_1 = (15.88 - 16.40) \text{万元} = -0.52 \text{万元}$$

计算结果表明:该工厂 4 种产品单位成本总体上下降了 3.17%。由于单

位产品成本的下降,使该厂生产总成本降低了 5 200 元。这与利用质量指标指数计算的结果相同。

综上所述,当我们掌握各项个体质量指标指数和相应的报告期总价值指标时,就可以用加权调和平均数的形式计算质量指标总指数。

加权调和平均数指数形式在实际经济生活中也时有应用,如农产品收购价格指数。农产品收购价格指数既反映了农产品收购价格变化对农民收入、国家财政支出等的影响,又是计算工农业产品综合比价指数的依据,由于农产品收购时间集中,产品品种较少,可以在年末较快地取得各类农产品实际收购金额和各代表农产品收购价格的资料,从而可以用报告期农产品实际收购金额为权数,对各类代表农产品收购价格个体指数采用加权调和平均法计算农产品收购价格总指数。

表 6.8　某地区农产品收购价格资料及相关计算过程

类别	本年实际收购额 p_1q_1/万元	平均价格指数 $K_p=p_1/p_0$　/%	$(1/K_p)\times p_1q_1$ /万元
1.粮食类	5 000	100.00	5 000.00
2.经济作物类	5 000	108.00	4 629.63
3.竹木材类	500	100.00	500.00
4.工业用油、漆类	100	100.00	100.00
5.禽畜产品类	1 000	105.00	952.38
6.蚕茧蚕丝类	100	100.00	100.00
7.干鲜果类	500	90.00	555.56
8.药材类	800	90.00	888.89
9.干鲜菜及调味品类	500	100.00	500.00
10.土副产品类	500	110.00	454.55
11.水产品类	200	90.00	222.22
合计	14 200	—	13 903.23

农产品收购价格指数为:

$$I_p = \frac{\sum p_1q_1}{\sum \frac{1}{K_p}p_1q_1} = (14\ 200/13\ 903.23) \times 100\% = 102.13\%$$

即该地区农产品收购价格上升了 2.13%。

6.4　指数体系和因素分析

6.4.1　指数体系

1）指数体系的概念

社会经济现象之间是相互联系、相互影响的。其中，一部分经济现象之间具有数量上的必然联系。如：

总产值＝产品产量×出厂价格

生产总成本＝产品产量×单位成本

商品销售额＝商品销售量×销售价格

粮食总产量＝播种面积×平均亩产量

这些经济方程式的左边是受多因素影响的总量，而等式右边的数量指标和质量指标则是它的两个影响因素。以上这几种经济关系，用指数表示时具有同样的对等关系。即：

总产值指数＝产量指数×出厂价格指数

生产成本指数＝产量指数×单位成本指数

商品销售额指数＝销售量指数×价格指数

粮食产量指数＝播种面积指数×平均亩产量指数

在统计分析中，通常将这些在经济上有联系、在数量上存在推算关系的统计指数称为指数体系。

用公式可表示为：

$$\frac{\sum p_1 q_1}{\sum p_0 q_0} = \frac{\sum p_0 q_1}{\sum p_0 q_0} \times \frac{\sum p_1 q_1}{\sum p_0 q_1} \tag{6.7}$$

平均数指数之间存在着类似的指数体系关系。

2）指数体系基本作用

（1）指数体系是进行因素分析的基础

利用指数体系，对复杂经济现象各因素对总体的影响方向和程度进行定量分析。这种分析，从绝对数和相对数两个方面进行。

（2）可以进行指数间的相互推算

利用综合指数体系中已知的两个指数数值,通过指数体系的数量联系求出未知指数的数值,或者作为在统计分析工作中,利用指数体系中的数量联系,限制某个因素变动的影响。例如:某个工业企业计划增产20%,而生产总成本只能比基期增加10%,则单位产品成本指数预计为:

$$1.1 \div 1.2 = 91.67\%$$

也就是说,产品单位成本至少降低8.33%才能达到增产目的。

（3）指数体系也是确定同度量因素的时期的依据之一

例如,经济方程式:商品销售额 = 销售量×销售价格,在编制销售量指数时把同度量因素——价格固定在基期,那么根据数量关系要求,在编制销售价格指数时,同度量因素——销售量的时期只能固定在报告期。

6.4.2　因素分析

因素分析是以指数体系为基础,分析受多因素影响的社会经济现象总变动中各因素的影响方向和程度的统计分析方法。

理解这个概念,把握以下几点:

①建立指数体系,是进行因素分析的前提。构建指数体系的目的,就是要分析多种因素的变动对社会经济现象总体变动的影响。构建指数体系的基本原则为:测定一个因素变动时,假定其他因素不变,并以等式来表现体系。如构建指数体系:销售额指数 = 销售量指数×价格指数,目的就是测定销售量和销售价格的变动对销售额变动的影响,当测量销售量的时候,要假定销售价格不变。

②因素分析的对象是复杂经济现象。这里所说的复杂现象是指受两个或两个以上因素影响的现象,它在数量上表现为若干因素的量的乘积,任何一个因素的变动都会使总量发生变动。

③因素分析包括相对数分析和绝对数分析。

因素分析可分为两类:总量指标的因素分析和平均指标的因素分析。前者分析总量指标的总变动中各因素变动的影响,如生产成本总变动中产量和单位成本的影响情况,后者分析加权平均指标中变量值水平和总体结构的影响。

1）总量指标的因素分析

总量指标的因素分析按照影响因素多少不同,分为两因素分析和多因素分析。

（1）总量指标的两因素分析

①建立指数体系。对于包含两因素的社会经济现象总体,在建立指数体系时应遵循的原则为:两个因素指数的同度量因素不能同时固定在一个时期。也就是说,一个因素指数的同度量因素固定在报告期,则另一个因素指数的同度量因素只能固定在基期。例如:

$$销售额 = 销售量 \times 销售价格$$

它的指数体系为:

$$\frac{\sum p_1 q_1}{\sum p_0 q_0} = \frac{\sum p_0 q_1}{\sum p_0 q_0} \times \frac{\sum p_1 q_1}{\sum p_0 q_1}$$

式中,销售量指数的同度量因素价格 p 固定在基期,而价格指数的同度量因素销售量 q 固定在报告期。

②因素分析。相对数分析体系:

$$销售额指数 = 销售量指数 \times 销售价格指数$$

$$\frac{\sum p_1 q_1}{\sum p_0 q_0} = \frac{\sum p_0 q_1}{\sum p_0 q_0} \times \frac{\sum p_1 q_1}{\sum p_0 q_1}$$

绝对数分析体系:

销售额的实际变动额 = 销售量变动的影响额 + 价格变动的影响额

或

$$\sum p_1 q_1 - \sum p_0 q_0 = \left(\sum p_0 q_1 - \sum p_0 q_0 \right) + \left(\sum p_1 q_1 - \sum p_0 q_1 \right)$$

下面以表 6.9 某企业的生产成本变动为例,讲述因素分析的步骤:

表 6.9　生产成本因素分析计算表

产品名称	计量单位	产量		单位成本/元		生产成本/元		
		基期 (q_0)	报告期 (q_1)	基期 (z_0)	报告期 (z_1)	$q_0 z_0$	$q_1 z_1$	$q_1 z_0$
A	件	1 000	800	8	9	8 000	7 200	6 400
B	个	450	600	60	45	27 000	27 000	36 000
C	台	800	1 000	10	8	8 000	8 000	10 000
合计	—	—	—	—	—	43 000	42 200	52 400

首先,建立指数体系:

$$\frac{\sum z_1 q_1}{\sum z_0 q_0} = \frac{\sum z_0 q_1}{\sum z_0 q_0} \times \frac{\sum z_1 q_1}{\sum z_0 q_1}$$

然后,因素分析分以下几步:

生产成本指数

$$I_{qz} = \frac{\sum q_1 z_1}{\sum q_0 z_0} = 42\ 200/43\ 000 = 98.14\%$$

$$\sum q_1 z_1 - \sum q_0 z_0 = (42\ 200 - 43\ 000)元 = -800元$$

计算结果表明:该企业生产成本降低 1.86%,绝对数减少了 800 元,这种降低是产品产量和单位成本两个因素共同作用的结果。

产量指数:

$$I_q = \frac{\sum q_1 z_0}{\sum q_0 z_0} = (52\ 400/43\ 000) \times 100\% = 121.86\%$$

$$\sum q_1 z_0 - \sum q_0 z_0 = (52\ 400 - 43\ 000)元 = 9\ 400元$$

结果表明:报告期与基期之比,该企业产量增加了 21.86%。由于产量的增加,使生产成本增加 9 400 元。

单位成本指数:

$$I_z = \frac{\sum q_1 z_1}{\sum q_1 z_0} = (42\ 200/52\ 400) \times 100\% = 80.53\%$$

$$\sum q_1 z_1 - \sum q_1 z_0 = (42\ 200 - 52\ 400)元 = -10\ 200元$$

结果表明:该企业单位成本降低了 19.47%。由于单位产品成本的降低,使生产成本减少 10 200 元。

生产成本指数的相对数分解体系:

$$98.14\% = 121.86\% \times 80.53\%$$

生产成本减少额的绝对数分解体系:

$$-800元 = 9\ 400元 - 10\ 200元$$

综合起来看,该企业生产成本降低 1.86%,是由于产量上升 21.86%和单位成本降低 19.47%共同作用的结果。产量提高使生产成本增加 9 400 元,而单位成本的下降使生产成本减少 10 200 元,共同作用下该厂生产成本减少 800 元。

(2)总量指标多因素分析

如果一个复杂的社会经济现象总体,受 3 个或 3 个以上因素的影响,对这个现象总量指标的因素分析,称为总量指标的多因素分析。

①建立指数体系。建立指数体系,进行多因素分析的关键是确定同度量因素及其时期。在实际统计工作中,确定同度量因素及其时期,要从以下几

个方面进行:

第一,合理安排多因素的排列顺序。

有两个原则:一是数量指标在前,把具有双重身份的指标排在中间,质量指标在后原则;二是考虑客观事物的联系和逻辑,使相邻因素乘积具有经济意义。

例如,经济方程式:

原材料费用=产品产量×单位产品原材料消耗量×原材料单价

应先是数量指标产量,其后是质量指标原材料单耗和单价,它们两个的排列顺序只能是原材料单耗在先,原材料单位价格在后。这一方面是因为原材料单耗具有双重身份,对于产量,它是质量指标,对于原材料单位价格,它是数量指标。另一方面是因为产量×单耗为原材料耗用量,而单耗×单价为单位产品原材料耗用额,具有现实的经济意义。如果顺序颠倒的话,产品产量×原材料单价,没有任何意义。

第二,采用连环替代法,确定同度量因素及其时期。

在多因素分析中,为了分析某一因素的影响,要把其余因素固定不变。具体方法是:当分析第一个因素影响时,把其他所有因素固定不变,且作为同度量因素固定在基期;当分析第二个因素的变动影响时,则把已经分析过的因素固定在报告期,没有分析过的因素固定在基期;当分析第三个因素时,把已经分析过的两个因素固定在报告期,没有分析过的因素仍固定在基期,依此类推。下面以下标 1 和 0 分别表示报告期和基期。

各因素替代程序为:

$$\text{分析的起点} \quad q_0 m_0 p_0$$
$$\text{第一次替代} \quad q_1 m_0 p_0$$
$$\text{第二次替代} \quad q_1 m_1 p_0$$
$$\text{第三次替代} \quad q_1 m_1 p_1$$

第一次替代的 $q_1 m_0 p_0$ 与起点 $q_0 m_0 p_0$ 对比表示 q 因素的变动,第二次替代的 $q_1 m_1 p_0$ 与第一次替代的 $q_1 m_0 p_0$ 的对比表示 m 因素的变动,第三次替代 $q_1 m_1 p_1$ 与第二次替代的 $q_1 m_1 p_0$ 的对比表示 P 因素的变动。这样就形成了一个指数体系:

$$\frac{\sum q_1 m_1 p_1}{\sum q_0 m_0 p_0} = \frac{\sum q_1 m_0 p_0}{\sum q_0 m_0 p_0} \times \frac{\sum q_1 m_1 p_0}{\sum q_1 m_0 p_0} \times \frac{\sum q_1 m_1 p_1}{\sum q_1 m_1 p_0} \quad (6.8)$$

②多因素分析。

相对数分析:

总体变动的相对程度等于各因素变动之积。即:

$$\frac{\sum q_1 m_1 p_1}{\sum q_0 m_0 p_0} = \frac{\sum q_1 m_0 p_0}{\sum q_0 m_0 p_0} \times \frac{\sum q_1 m_1 p_0}{\sum q_1 m_0 p_0} \times \frac{\sum q_1 m_1 p_1}{\sum q_1 m_1 p_0}$$

绝对数分析：

总体变动的绝对数额等于各因素变动之和。即：

$$\sum q_1 m_1 p_1 - \sum q_0 m_0 p_0 = \left(\sum q_1 m_0 p_0 - \sum q_0 m_0 p_0\right) +$$
$$\left(\sum q_1 m_1 p_0 - \sum q_1 m_0 p_0\right) + \left(\sum q_1 m_1 p_1 - \sum q_1 m_1 p_0\right)$$

下面通过表 6.10 某工厂原材料费用总额的变动，来讲述多因素分析的方法。

表 6.10　某厂产品产量及原材料单耗情况表

产品				原材料					
名称	计量单位	产量		名称	单位	单位产品消耗/千克		购进单价/元	
		基期 q_0	报告期 q_1			基期 m_0	报告期 m_1	基期 p_0	报告期 p_1
甲	套	40	50	A	千克	80	75	20	18
乙	件	50	40	B	千克	50	40	30	25

把各因素指数的子项和母项计算结果列于下表：

表 6.11　原材料费用总额因素分析计算表

	$q_0 m_0 p_0$	$q_1 m_0 p_0$	$q_1 m_1 p_0$	$q_1 m_1 p_1$
甲	64 000	80 000	75 000	67 500
乙	75 000	60 000	48 000	40 000
合计	139 000	140 000	123 000	107 500

根据上表，因素分析可分为以下几步：

A.原材料费用总额指数

$$I_{pqm} = \frac{\sum q_1 m_1 p_1}{\sum q_0 m_0 p_0} = 107\ 500/139\ 000 = 77.34\%$$

$$\sum q_1 m_1 p_1 - \sum q_0 m_0 p_0 = (107\ 500 - 139\ 000)\ 元 = -31\ 500\ 元$$

B.产品产量指数

$$I_q = \frac{\sum q_1 m_0 p_0}{\sum q_0 m_0 p_0} = (140\,000/139\,000) \times 100\% = 100.72\%$$

$$\sum q_1 m_0 p_0 - \sum q_0 m_0 p_0 = (140\,000 - 139\,000)\,\text{元} = 1\,000\,\text{元}$$

C.原材料单耗指数

$$I_m = \frac{\sum q_1 m_1 p_0}{\sum q_1 m_0 p_0} = (123\,000/140\,000) \times 100\% = 87.86\%$$

$$\sum q_1 m_1 p_0 - \sum q_1 m_0 p_0 = -17\,000\,\text{元}$$

D.原材料单价指数

$$I_p = \frac{\sum q_1 m_1 p_1}{\sum q_1 m_1 p_0} = (107\,500/123\,000) \times 100\% = 87.40\%$$

$$\sum q_1 m_1 p_1 - \sum q_1 m_1 p_0 = (107\,500 - 123\,000)\,\text{元} = -15\,500\,\text{元}$$

E.相对数分解体系

$$77.34\% = 100.72\% \times 87.86\% \times 87.40\%$$

绝对数分解体系

$$-31\,500\,\text{元} = 1\,000\,\text{元} + (-17\,000\,\text{元}) + (-15\,500\,\text{元})$$

综合分析:该单位原材料费用总额下降22.66%。这是在产量提高0.72%,单位产品原材料消耗下降12.14%,原材料单价下降12.60%,三个因素共同作用的结果。由于产量的提高,使原材料费用增加了1 000元,单位产品原材料消耗下降可使原材料费用少支出17 000元,原材料单价下降,使原材料费用少支出15 500元,三个因素共同作用下,使原材料总额支出节约31 500元。

2)平均指标的因素分析

平均指标,在这里仅指用加权算术平均法计算出来的平均数,即 $\bar{x} = \dfrac{\sum xf}{\sum f}$。这种指标的变动($\bar{x}_1/\bar{x}_0$)受两个因素的影响:一是各组的比重结构(权数 $f/\sum f$),另一个是各组的代表标志值(即变量值 x)。因此,对于总体结构和变量值对平均指标的影响方同和影响程度,可以建立指数体系来分析。

(1)建立指数体系

平均指标指数体系包含两个因素:变量 x 和结构 $f/\sum f$。可以根据综合指数的编制原则来编制:编制反映变量 x 的指数,将结构 $f/\sum f$ 作为同度量因素,且一般固定在报告期;编制反映结构变动的指数,将变量值 x 作为同度量因素,且一般固定在基期。

很明显,平均指标指数体系包含三个指数,即:

反映平均指标 $\bar{x}$ 变动的指数,可以表示为:

$$\frac{\sum x_1 f_1}{\sum f_1} \bigg/ \frac{\sum x_0 f_0}{\sum f_0}$$

又称为可变组成指数。

反映变量值 x 变动的指数,表示为:

$$\frac{\sum x_1 f_1}{\sum f_1} \bigg/ \frac{\sum x_0 f_1}{\sum f_1}$$

又称为固定构成指数。

反映比重结构 $f/\sum f$ 变动的指数,表示为:

$$\frac{\sum x_0 f_1}{\sum f_1} \bigg/ \frac{\sum x_0 f_0}{\sum f_0}$$

又称为结构变动指数。

平均指标指数体系可以表示为:

$$\frac{\dfrac{\sum x_1 f_1}{\sum f_1}}{\dfrac{\sum x_0 f_0}{\sum f_0}} = \frac{\dfrac{\sum x_1 f_1}{\sum f_1}}{\dfrac{\sum x_0 f_1}{\sum f_1}} \times \frac{\dfrac{\sum x_0 f_1}{\sum f_1}}{\dfrac{\sum x_0 f_0}{\sum f_0}} \tag{6.9}$$

又可以写成:

可变构成指数=结构变动指数×固定构成指数

(2)平均指标体系因素分析

与综合指标指数体系一样,因素分析从两方面进行。

相对数分析:

采用式(6.9)来分析。

绝对数分析:

平均指标变动的绝对数额=固定构成指数及结构影响指数的分子减去分母的差值之和,即:

$$\left(\frac{\sum x_1 f_1}{\sum f_1} - \frac{\sum x_0 f_0}{\sum f_0}\right) = \left(\frac{\sum x_1 f_1}{\sum f_1} - \frac{\sum x_0 f_1}{\sum f_1}\right) + \left(\frac{\sum x_0 f_1}{\sum f_1} - \frac{\sum x_0 f_0}{\sum f_0}\right)$$

下面通过某学校教师人数及月工资水平来讲述平均指标指数的具体分析过程。

表 6.12　某学校各类教师人数及月工资统计分析表

教师类别	教师人数		月工资水平/元		工资总额/元		
	基期 f_0	报告期 f_1	基期 x_0	报告期 x_1	x_0f_0	x_1f_1	x_0f_1
高级职称	90	100	1 500	2 000	135 000	200 000	150 000
中级职称	140	160	1 200	1 600	168 000	256 000	192 000
初级职称	130	140	1 000	1 300	130 000	182 000	140 000
合计	360	400	—	—	433 000	638 000	482 000

因素分析过程如下:

可变组成指数:

$$\frac{\sum x_1 f_1}{\sum f_1} \bigg/ \frac{\sum x_0 f_0}{\sum f_0} = \frac{638\ 000}{400} \bigg/ \frac{433\ 000}{360}$$

$$= (1\ 595/1\ 202.78) \times 100\% = 132.61\%$$

$$\frac{\sum x_1 f_1}{\sum f_1} - \frac{\sum x_0 f_0}{\sum f_0} = (1\ 595 - 1\ 202.78)\ 元 = 392.22\ 元$$

表明:该校报告期与基期相比,教师总平均工资水平提高 32.61%,工资绝对数平均增加 392.22 元。

固定组成指数:

$$\frac{\sum x_1 f_1}{\sum f_1} \bigg/ \frac{\sum x_0 f_1}{\sum f_1} = \left(\frac{638\ 000}{400} \bigg/ \frac{482\ 000}{400}\right) \times 100\%$$

$$= (1\ 595/1\ 205) \times 100\% = 132.37\%$$

$$\frac{\sum x_1 f_1}{\sum f_1} - \frac{\sum x_0 f_1}{\sum f_1} = (1\ 595 - 1\ 205)\ 元 = 390.00\ 元$$

表明:若结构保持不变,该校平均工资水平提高 32.37%。总平均工资增加的绝对数额为 390.00 元。

结构影响指数:

$$\frac{\sum x_0 f_1}{\sum f_1} \bigg/ \frac{\sum x_0 f_0}{\sum f_0} = \left(\frac{482\ 000}{400} \bigg/ \frac{433\ 000}{360}\right) \times 100\%$$

$$= (1\ 205/1\ 202.78) \times 100\% = 100.18\%$$

$$\frac{\sum x_0 f_1}{\sum f_1} - \frac{\sum x_0 f_0}{\sum f_0} = (1\ 205 - 1\ 202.78)\ 元 = 2.22\ 元$$

表明:由于各组教师结构的变化,使该校教师总平均工资提高 0.18%,增加的绝对数额为 2.22 元。

综合分析:

相对数形式   133.61% = 132.37%×100.18%

绝对数形式   392.22 元 = 390.00 元+2.22 元

表明:该校全部教师月工资提高 32.61%,绝对数额平均增加 392.22 元。这是两个因素影响的结果:一个是各类教师工资水平上升 32.37%,由于工资水平的上升使平均工资增加 390 元,另一个是教师结构的变动,使总平均工资增加 2.22 元。

6.5　指数数列

6.5.1　指数数列的含义

所谓指数数列,就是将各个时期的一系列指数,按照时间的先后顺序排列起来所形成的数列。

指数数列也是一种时间数列,其特点是数列中所有排列的各项指标都是指数,而不是一般的综合指标。

编制连续的指数数列,可用以分析复杂现象在较长时间内的发展变化趋势。

6.5.2　指数数列的分类

1)根据指数的范围不同,分为个体指数数列和总指数数列

个体指数数列:由一系列个体指数,按时间的先后顺序排列起来的数列。个体指数就是一般的动态相对数,其分析方法前面的有关章节中已经讲过。

总指数数列:由一系列总指数按时间的先后顺序排列起来的数列。

2）根据指数的基期不同，分为定基指数数列和环比指数数列

定基指数数列：各个指数均以某一固定时期作为基期所形成的数列。根据反映现象的特点不同，又可分为数量指标定基指数数列和质量指标定基指数数列。

数量指标定基指数数列为：

$$\frac{\sum p_0 q_1}{\sum p_0 q_0}; \frac{\sum p_0 q_2}{\sum p_0 q_0}; \cdots; \frac{\sum p_0 q_n}{\sum p_0 q_0}$$

是以最初产品产量 q_0 为固定比较的基期。

质量指标定基数列为：

$$\frac{\sum p_1 q_1}{\sum p_0 q_1}; \frac{\sum p_2 q_2}{\sum p_0 q_2}; \cdots; \frac{\sum p_n q_n}{\sum p_0 q_n}$$

是以最初商品价格 p_0 为固定比较的基期。

环比指数数列：指每一个指数都是以前一个时期作为比较的基期所形成的数列。同时又根据反映现象的特征不同，可分为数量指标环比指数数列和质量指标环比指数数列。

数量指标环比指数数列为：

$$\frac{\sum p_0 q_1}{\sum p_0 q_0}; \frac{\sum p_1 q_2}{\sum p_1 q_1}; \cdots; \frac{\sum p_{n-1} q_n}{\sum p_{n-1} q_{n-1}}$$

是以前一个时期的产品产量 q 为比较的基期。

质量指标环比指数数列为：

$$\frac{\sum p_1 q_1}{\sum p_0 q_1}; \frac{\sum p_2 q_2}{\sum p_1 q_2}; \cdots; \frac{\sum p_n q_n}{\sum p_{n-1} q_n}$$

是以前一个时期的商品价格为比较的基期。

3）根据同度量因素是否随时期的变动而变动，分为不变权数指数数列和可变权数指数数列

不变权数指数数列：在指数数列中，每一个时期的权数不因报告期的改变而改变。根据采用的基期不同又可分为不变权数定基指数数列和不变权数环比指数数列。

不变权数定基指数数列如：数量指标定基指数数列

不变权数环比指数数列为：

$$\frac{\sum p_n q_1}{\sum p_n q_0}; \frac{\sum p_n q_2}{\sum p_n q_1}; \cdots; \frac{\sum p_n q_n}{\sum p_n q_{n-1}}$$

可变权数指数数列:在指数数列中,每一个时期的权数随着报告期的改变而改变。如:上述的质量指标定基指数数列、数量指标环比指数数列、质量指标环比指数数列。

另外,还有不变权数指数的换算问题,在这里就不讲述了。

【本章小结】

统计指数是统计分析中广为采用的重要方法。统计指数主要指狭义指数,即反映不能直接相加、对比的复杂社会经济现象总体综合变动的相对数。狭义指数都是总指数,主要有两种表现形式:综合指数和平均数指数。统计指数主要作用为:综合反映复杂经济现象总体变动方向和变动程度;因素分析;研究社会经济现象在长时间内的发展变化趋势。

指数的编制方法分为综合指数法和平均指数法。

综合指数分为:数量指标指数和质量指标指数,综合指数编制的关键是同度量因素的选择和同度量因素时期的确定。编制数量指标指数一般选择质量指标作为同度量因素,且固定在基期;编制质量指标指数一般选择数量指标作为同度量因素,且固定在报告期。

平均指数法较综合指数法灵活,便于实际工作中的应用,可以把平均指数法看作综合指数法的变形。平均指数的计算方法有两种:加权算术平均数指数和加权调和平均数指数。实际工作中究竟采用哪种方法,要依据资料取得的条件而定。

根据经济方程式建立指数体系作为因素分析的基础,因素分析一般从两个方面进行相对数分析和绝对数分析。

【思 考 题】

1.什么是统计指数?它的作用是什么?

2.什么叫同度量因素?编制综合指数时,如何确定同度量因素及固定的时期?

3.综合指数与平均指数有何区别?

4.举例说明平均数指数的两种计算方法。

5.什么叫指数体系?指数体系有什么作用?

6.怎样进行因素分析?

【练习题】

1.计算:

(1)用同一数量的人民币,报告期比基期多购买商品10%,问:物价是如何变动的?

(2)报告期与基期购买等量的商品,报告期比基期多支付40%的货币,物价是如何变动的?

2.某商场销售资料如下:

商品名称	计量单位	销售量		销售价格/元	
		基期	报告期	基期	报告期
甲	件	100	90	100.00	110.00
乙	个	80	90	400.00	350.00
丙	套	80	80	700.00	800.00

计算:(1)销售量个体指数和销售价格个体指数;
     (2)销售量总指数和销售价格总指数。

3.3种产品的出口量及出口价格资料如下:

商品名称	计量单位	出口量		出口价格/美元	
		2011 年	2012 年	2011 年	2012 年
甲	件	60	82	110.00	160.00
乙	个	70	80	350.00	400.00
丙	套	90	95	600.00	600.00

要求:运用指数体系从相对数和绝对数两个方面分析出口价和出口量的变动对出口额的影响。

4.某工厂所有产品的生产费用2012年为1 000万元,比上年多出100万元,单位产品成本平均比上年降低4%,计算:

(1)生产费用总指数;

(2)产量指数;

(3)由于成本降低而节约的生产费用。

5.某百货公司的销售量资料如下:

商品名称	基期销售额/万元	销售量今年比上年增长/%
甲	150	25
乙	450	10
丙	300	15

计算加权算术平均数指数以及由于销售量增长致使销售额的增加数额。

6.某工业企业3种产品的资料如下:

产品	报告期生产成本/万元	单位成本指数/%
甲	10	102
乙	20	95
丙	15	100

计算加权调和平均数指数。

7.某工厂工人和工资情况如下:

工人类别	平均人数/人		平均工资/元	
	基期	报告期	基期	报告期
技术工人	200	300	800	1 000
一般工人	250	300	600	800
合计	450	600	—	—

计算:平均工资的可变构成指数、固定构成指数和结构影响指数并分析平均工资受各因素的影响。

第 7 章
抽 样 推 断

【学习目标】

通过本章学习,了解抽样推断的意义和特点,理解抽样推断的基本概念、基本原理。掌握抽样推断、抽样估计的方法,能够进行抽样组织设计。

7.1 抽样推断的一般问题

7.1.1 抽样推断的意义和特点

在实际生活中存在着许多不确定性的现象。当为了一定的目的研究某种现象并准备作出决策时,常常需要根据不充分的条件来作出判断。抽样推断方法,可以在观察部分资料的基础上,深入地研究、分析,进一步推断资料本身之外总体的情况和数量关系,并对不确定的现象作出科学的判断和决策。

抽样推断,是指根据数理统计的有关原理,按随机原则,从总体抽样所获得的样本指标数值,对总体指标数值作出有一定可靠性的估计和推断。

抽样推断由于只是对总体中的部分单位进行调查,与全面调查相比,调查单位数少,从经济上说,可以减少调查过程中所需人力、物力和费用;从时效上说,大大缩短调查、整理、分析的时间;使不可能做全面调查或没有必要做全面调查时,能对其总体数量特征作出可靠的估计。也可以作为检验全面调查结果之用。

抽样调查是目前世界各国普遍采用的一种科学有效的统计调查方法,也越来越受我国统计调查的重视,并越来越多地采用。

抽样推断有如下特点:

①按随机原则抽选样本单位。随机原则抽选可以保证总体中每一个单位都有同等被抽中的可能性,不受主观因素的影响,使用样本数据去推断总体结果时更具客观性。

②抽样的目的是为了推断总体数值。抽样是对部分单位进行抽选、计算。但我们的目的并不是要了解样本数据这一结果,抽样的目的是根据抽样数值推断、估计总体综合结果。

③抽样推断可以计算和控制误差。抽样推断不是得到准确的绝对数值,它必然要产生误差,但这个误差事前可以计算,而且可以控制在一定范围。

7.1.2　抽样推断中的几个基本概念

1)总体与样本

总体是指被研究现象的全体,即统计总体,在统计调查时也称为调查对象。构成总体的单位数用 N 表示。

按随机原则从总体中抽选出一部分单位调查,这部分单位称为样本。构成样本的单位数用 n 表示。当样本单位数在 30 个以上时称为大样本,不足 30 时称为小样本。抽样推断在不同条件中,有时可以采用小样本,有时需要大样本。

2)总体指标和样本指标

本章介绍抽样推断时,主要是用样本平均数去估计总体平均数,样本成数去估计总体成数。估计时必然会产生误差,而计算误差必须通过标准差(或方差)进行计算。因此,主要计算 4 种指标:平均数、成数、平均数的标准差和成数的标准差。

总体指标是根据总体全部单位标志值计算而得到。总体平均数用 $\overline{X}$(大写)表示,则:

$$\overline{X} = \frac{\sum X}{N} \quad 或 \quad \overline{X} = \frac{\sum XF}{\sum F} \tag{7.1}$$

式中　X——总体各变量值;

　　　F——总体分组各组单位数。

总体平均数的标准差是指,总体各单位标志变异程度的指标(见第 4 章)。标准差越小说明总体各单位标志值之间的差异越小,各变量值之间集中程度越高。反之亦然。总体平均数的标准差用 σ 表示,用 σ^2 表示方差。则

$$\sigma = \sqrt{\frac{\sum (X - \overline{X})^2}{N}} \quad 或 \quad \sigma = \sqrt{\frac{\sum (X - \overline{X})^2 F}{\sum F}} \tag{7.2}$$

$$\sigma^2 = \frac{\sum (X - \overline{X})^2}{N} \quad 或 \quad \sigma^2 = \frac{\sum (X - \overline{X})^2 F}{\sum F}$$

总体成数是指若总体各单位的某一标志只有两种表现,"是"与"不是",通常称为是非标志,则其中"是"这种表现的单位数占全部单位数的比重(或比

例)称为成数。用 P(大写)表示。在总体全部单位数 N 中,用 N_1 表示"是"这种表现的单位数,N_0 表示"不是"这种表现的单位数。且 $N = N_1 + N_0$,则

$$P = \frac{N_1}{N} \qquad 1 - P = \frac{N_0}{N} \tag{7.3}$$

例 7.1 对某高职学院学生生活消费支出调查,该校有 $N = 3\,500$ 学生,月生活消费支出在 300 元以下(包括 300 元)的有 $N_1 = 2\,800$ 人。"是"300 元以下的成数(比例)$P = \frac{N_1}{N_0} = \frac{2\,800}{3\,500} \times 100\% = 80\%$,"不是"300 元以下的成数 $1 - P = \frac{N_0}{N} = 20\%$。

成数的标准差是指是非标志表现之间也存在差异,它们之间的平均差异用 σ_p 表示标准差,用 σ_p^2 表示成数的方差,则

$$\sigma_p = \sqrt{P(1-P)} \qquad \sigma_p^2 = P(1-P) \tag{7.4}$$

如,该校学生生活消费支出"是"300 元以下成数的标准差:

$$\sigma_p = \sqrt{P(1-P)} = \sqrt{80\% \times 20\%} = 0.4 = 40\%$$

式(7.4)是根据以下计算得来。是非标志是属性表现,不能直接计算其平均数、标准差,要计算必须转化为数量表现。假设"是"与"不是"分别用数值 1 和 0 来表示,那么,是非标志值的平均数为:

$$\overline{X} = \frac{\sum XF}{\sum F} = \frac{1 \times N_1 + 0 \times N_0}{N_1 + N_0} = \frac{N_1}{N} = P$$

是非标志值的标准差为:

$$\sigma_p = \sqrt{\frac{\sum (X - \overline{X})^2 F}{\sum F}} = \sqrt{\frac{(1-P)^2 N_1 + (0-P)^2 N_0}{N_1 + N_0}}$$
$$= \sqrt{(1-P)^2 P + P^2(1-P)} = \sqrt{P(1-P)}$$

样本指标是指根据抽样单位数的标志值计算的指标,样本平均数用 $\overline{x}$(小写)表示,则

$$\overline{x} = \frac{\sum x}{n} \qquad 或 \qquad \overline{x} = \frac{\sum xf}{\sum f} \tag{7.5}$$

x 表示样本各变量值,f 表示样本分组的各组单位数。

样本平均数计算的标准差用 s 表示,方差用 s^2 表示,则

$$s = \sqrt{\frac{\sum (x - \overline{x})^2}{n}} \qquad 或 \qquad s = \sqrt{\frac{\sum (x - \overline{x})^2 f}{\sum f}} \tag{7.6}$$

$$s^2 = \frac{\sum (x - \bar{x})^2}{n} \quad 或 \quad s^2 = \frac{\sum (x - \bar{x})^2 f}{\sum f}$$

样本成数用 p（小写）表示,则

$$p = \frac{n_1}{n} \qquad 1 - p = \frac{n_0}{n} \tag{7.7}$$

样本成数计算的标准差用 s_p 表示,方差用 s_p^2 表示,则

$$s_p = \sqrt{p(1-p)} \qquad s_p^2 = p(1-p) \tag{7.8}$$

例 7.2　以例 7.1 资料,从 3 500 名学生中随机抽取 100 名学生进行调查。如果根据公式计算样本平均数 $\bar{x} = 290$ 元,标准差 $s = 71$ 元。若有 78 名学生月生活消费在 300 元以下,样本成数 $p = \dfrac{n_1}{n} = \dfrac{78}{100} = 78\%$,标准差 $s_p = \sqrt{p(1-p)} = \sqrt{78\% \times 22\%} = 41.42\%$。

当重新抽取 100 名学生进行调查时,得到的样本指标可能是另外的结果。从总体中抽出同样单位数目的样本,样本不同所得到的样本平均数、标准差、样本成数和成数的标准差就可能不同。

总体指标与样本指标在计算上基本一致,只是在计算范围上不同。两种指标主要不同在于,总体指标计算结果是唯一确定的,但样本指标是根据抽样的不同而不同,所以说,样本指标是一随机变量。

3)重复抽样和不重复抽样

抽样时有两种不同的抽取方法:重复抽样和不重复抽样。

重复抽样也叫重置抽样。其抽法是,从 N 个总体单位中随机抽取一个样本单位,登记后又把它放回去,再从 N 个总体单位中抽取第二个样本单位,以此抽选下去,直到抽到 n 个单位组成样本。采用这种方法抽取样本单位,每一个单位都有多次被抽中的可能。

不重复抽样也叫不重置抽样。其抽法是,从 N 个总体单位中随机抽取一个样本单位,登记后不再放回总体,然后再从剩下的 $N-1$ 个总体单位中抽选第二个样本单位,以此抽选下去,直到抽到 n 个单位组成样本。采用这种方法抽取样本单位,每一个单位只有一次被抽中的可能,并且总体单位数随着样本单位数目的增加而减少。

由此可见,重复抽样对同一个总体单位有可能被重复抽中,从而降低样本对总体的代表性。不重复抽样对同一个总体单位不可能被重复抽中,就更接近于实际,因而更能保证样本对总体的代表性。

重复抽样和不重复抽样方法抽取的可能样本数目也不相同。把在总体

N 中抽出 n 个单位,有多少种不同的抽法,叫做抽样的可能样本数目。

例 7.3　假设有 1,2,3,4 四个数值组成的总体,从中抽取两个数值作为样本,有多少种抽法呢?

采用重复抽样的可能样本数目有 16 种,不重复抽样的可能样本数目有 12 种,见表 7.1、表 7.2。

表 7.1　重复抽样的可能样书数目

序号	可能样本	样本平均数 $\overline{X}$
1	1,1	1
2	1,2	1.5
3	1,3	2
4	1,4	2.5
5	2,1	1.5
6	2,2	2
7	2,3	2.5
8	2,4	3
9	3,1	2
10	3,2	2.5
11	3,3	3
12	3,4	3.5
13	4,1	2.5
14	4,2	3
15	4,3	3.5
16	4,4	4

表 7.2　不重复抽样的可能样书数目

序号	可能样本	样本平均数 $\overline{X}$
1	1,2	1.5
2	1,3	2
3	1,4	2.5
4	2,1	1.5
5	2,3	2.5
6	2,4	3
7	3,1	2
8	3,2	2.5
9	3,4	3.5
10	4,1	2.5
11	4,2	3
12	4,3	3.5

从抽样结果看,重复抽样的可能样本总数多于不重复抽样的可能样本总

数,重复抽样的抽样误差也大于不重复抽样的抽样误差。

7.1.3　抽样推断的理论根据

　　在一总体中抽出一定数量的样本单位数,有许多种不同的抽法。在一次抽样中得到的样本指标去估计总体指标,能有一定的准确性和可靠保证吗?

　　概率论与数理统计中大数定律与中心极限定理为抽样推断提供如下根据:

　　①样本指标有趋近于总体指标的趋势。并且样本平均数的平均数等于总体平均数。

　　②总体是正态分布,样本平均数也服从正态分布。总体非正态分布,只要抽样单位数($n \geq 30$)足够多,样本平均数也服从正态分布。

　　③样本平均数与总体平均数的平均误差就等于样本平均数的标准差。

　　④样本平均数推断总体平均数的可靠程度(概率),可以通过对正态分布密度函数求积分得到,即:$F(t) = \dfrac{1}{\sqrt{2\pi}}\displaystyle\int_{-\infty}^{t} \mathrm{e}^{-\frac{t}{2}}\mathrm{d}t$(非标准正态分布都可以通过变量代换转化为标准正态分布求概率)。

　　假如,从同一总体随机抽出相同单位数的各种样本,则从这些样本计算出的平均数(或成数)所有可能值的分布,称为抽样分布。

　　例 7.4　以例 7.3 资料,从总体 1,2,3,4 这四个数值中抽选两个,按重复抽样抽取的可能样本数目为 16,见表 7.1。由各样本得到的样本平均数编制成分配数列(表 7.3)和分布图(图 7.1)如下:

表 7.3　重复抽样的可能样书数目

样本平均数 $\overline{X}$	次数 f
1	1
1.5	2
2	3
2.5	4
3	3
3.5	2
4	1
合计	16

统计学原理

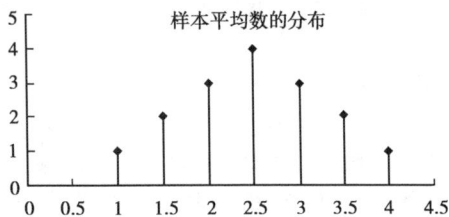

图 7.1

从以上样本平均数分配数列和分布图可知,样本平均数的平均数($\overline{\overline{x}} = \dfrac{\sum \overline{x}f}{\sum f} = \dfrac{40}{16} = 2.5$)等于总体平均数($\overline{X} = \dfrac{\sum X}{N} = \dfrac{10}{4} = 2.5$),样本平均数值多数集中在总体平均数 2.5 的周围,并且样本平均数为 2.5 出现的频率最高,有 4 次,而接近 2.5 周围的数值 2~3 之间共出现有 10 次之多,占总次数的 62.5% ($\dfrac{10}{16} = 62.5\%$)。由此说明,在一次随机抽样中得到的样本平均数,有 62.5%可能是 2~3 之间的数值。因此,在抽样推断时抽样得到的样本平均数有很大的可能抽到与总体平均数接近的数值。

大数定律主要说明,随着试验次数的增加,事件发生的频率趋于它的稳定值——概率。由例 7.4 可知,从 4 个数值中抽 2 个,每次抽样结果不同。但是,随着抽样次数增加,抽到平均数为 2.5 的频率趋近于 25% ($\dfrac{4}{16} \times 100\% = 25\%$),抽到结果在 2~3 之间的频率趋于 62.5%。在抽样推断中就是利用这一概率作为估计的可靠保证。大数定律还进一步说明,在随机试验过程中,每次的结果不同,但是,大量重复试验出现结果的平均数却几乎总是接近某确定的值。从上例可知,样本平均数在总体平均数 2.5 处出现最频繁,并且所有样本平均数的平均数等于总体平均数 2.5。说明样本平均数趋近总体平均数的趋势。

中心极限定理说明:如果总体服从正态分布时,样本平均数也服从正态分布。(这里所指的正态分布,都是近似正态分布,完全正态分布一般不存在。)举例来说,一个年级 100 人构成的总体,他们的数学成绩服从标准差为 σ 的正态分布,即成绩低和成绩高的同学人少,而成绩中等的人多,比如大多数成绩都集中在平均分周围。从中抽出 10 人的样本进行调查,它的所有可能样本,得到的样本平均数一定服从标准差为 $\dfrac{\sigma}{\sqrt{100}}$ 的正态分布,即样本平

均数的数值主要集中在总体平均数的周围,而且集中的程度比总体正态分布

集中程度更高(因为 $\dfrac{\sigma}{\sqrt{100}}<\sigma$,如图 7.2 所示)。

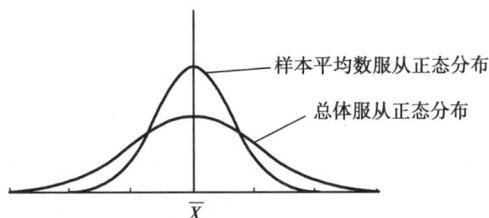

样本平均数服从正态分布

总体服从正态分布

$\overline{X}$

图 7.2

中心极限定理进一步说明,如果总体是非正态分布,只要抽样单位数足够多($n\geqslant30$),样本平均数也趋于正态分布。还是用此例说明,如果这个班同学的数学成绩不服从正态分布,比如,成绩高和成绩低的人数多,中等成绩的人数少,抽样时只要抽足够多($n\geqslant30$),如抽 30 人以上进行调查,所有可能样本得到的样本平均数还是服从正态分布。即大多数样本平均数都集中在总体平均数的周围(如图 7.3 所示)。

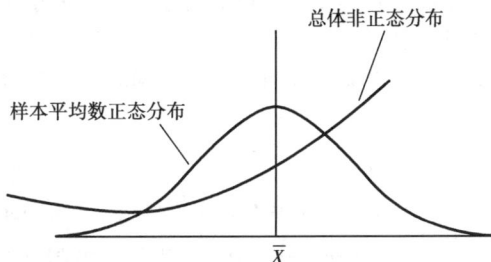

总体非正态分布

样本平均数正态分布

$\overline{X}$

图 7.3

举例主要说明,尽管抽样得到的平均数是一个随机结果,但所有可能样本平均数大量集中在总体平均数周围,即抽到接近总体平均数的可能性大。不管总体分布是否是正态分布,只要抽样单位足够多,样本平均数一定服从正态分布。根据正态分布这一规律,可以对总体指标进行估计,并且能由正态分布函数求其概率(可靠保证)。

概率论与数理统计中的大数定律和中心极限定理,从理论上说明了抽样推断的理论根据。阐述了样本平均数分布状态和样本平均数趋近总体平均数的趋势。提供了计算样本平均数与总体平均数之间的误差,确定样本平均数推断总体平均数的可靠程度,对总体进行科学推断的主要依据。

7.2　抽样误差

7.2.1　抽样误差的概念

抽样误差是指样本指标数值与总体指标数值之差。如样本平均数与总体平均数之差($\bar{x}-\bar{X}$),样本成数与总体成数之差($p-P$)。

事实上,统计调查产生的误差有两种:一种叫登记性误差,另一种叫代表性误差。登记性误差是指在调查登记过程中,由于工作上的原因,如未能如实登记事实或汇总错误等原因而产生的误差。代表性误差是指由于样本的结构不同于总体结构而产生的样本指标与总体指标之间的误差。它可能是非偶然性的,即抽样时没有按照随机原则,有意识抽选单位而产生误差。也可能是偶然性的,它是按照随机原则抽取样本单位。由于调查范围的非全面性及样本的随机性而产生的样本指标与总体指标之间的误差。我们称这种偶然性的代表性误差为抽样误差,也叫随机误差。

影响抽样误差的因素有:

①总体标准差 σ。总体变量值之间差异程度大误差就大,差异程度小误差就小。

如有两个总体数据如下:

甲组:30,40,50,60,70,$\bar{X}=50$,$\sigma=14.14$,变量值差异大;

乙组:48,49,50,51,52,$\bar{X}=50$,$\sigma=1.414$,变量值差异小。

如果从两个总体中分别抽两个数值,计算得到的样本平均数。一般来说,乙组的样本平均数更接近总体平均数50,即误差更小。

②抽样单位数 n。抽样单位数越少误差就越大,抽样单位数越多误差就越小。当抽样单位数 n 大到等于 N 时,样本平均数就等于总体平均数,即误差为零。

③抽样方法。一般情况下,按重复抽样比不重复抽样的抽样误差要大一些。不重复抽样更接近实际,更能保证样本对总体的代表性。

④抽样组织方式。不同的抽样组织方式(本章主要介绍简单随机抽样方式),抽样误差也有所不同。如类型抽样、等距抽样(按有关标志排列)抽样误差要小一些。

7.2.2　抽样平均误差

抽样误差是不能避免,也无法消除的。其实,进行一次抽样得到的样本指标与总体指标之差是无法计算的。因为总体指标未知,而总体指标正是需要去推断的指标。在抽样推断中,所指的抽样误差,其实是指抽样平均误差。根据数理统计知识,可以计算抽样平均误差。

在抽样调查中,总体指标是一确定的值,但样本指标是一组随机变量值。由于每个样本的内部结构不同,而各样本的样本指标也不尽相同,它们与总体指标之间都存在着误差。有多少个样本指标,就有多少个抽样误差,将这所有抽样误差加以平均,求得的平均数,称为抽样平均误差。在简单随机抽样(纯随机抽样)方式下,以平均数为例,将所有可能样本得到的样本平均数与总体平均数之差,求和除以可能样本数($\dfrac{\sum(\bar{x}-\bar{X})}{M}$)而得到抽样平均误差。由平均数的性质可知

$$\bar{\bar{x}}=\bar{X},\ \sum(\bar{x}-\bar{X})=\sum(\bar{x}-\bar{\bar{x}})=0$$

所以抽样平均误差采用计算标准差来得到,即

$$\mu_{\bar{x}}=\sqrt{\frac{\sum(\bar{x}-\bar{X})^2}{M}}$$

式中　$\mu_{\bar{x}}$——抽样平均误差;

　　　M——样本可能数目。

例 7.5　以例 7.3 重复抽样资料计算抽样平均误差:

$$\mu_{\bar{x}}=\sqrt{\frac{\sum(\bar{x}-\bar{X})^2}{M}}=\sqrt{\frac{10}{16}}=0.79$$

其实,按此公式计算还是不行的,因为要找到所有可能样本及样本平均数是一件非常困难的事,但数理统计证明,可以按下面的公式计算。

平均数的抽样平均误差

重复抽样　　　　　　　　　　$\mu_{\bar{x}}=\sqrt{\dfrac{\sigma^2}{n}}$　　　　　　　　　　(7.9)

不重复抽样　　　　　　　$\mu_{\bar{x}}=\sqrt{\dfrac{\sigma^2}{n}\left(1-\dfrac{n}{N}\right)}$　　　　　　　(7.10)

式中　σ——总体方差;

　　　N——总体单位数;

　　　n——抽样单位数。

以例 7.3 资料,按重复抽样的公式验证如下:

因为 $\bar{X} = 2.5$ $\sigma = \sqrt{\dfrac{\sum (X - \bar{X})^2}{N}} = \sqrt{\dfrac{5}{4}} = 1.118$

$$\mu_{\bar{x}} = \sqrt{\dfrac{\sigma^2}{n}} = \sqrt{\dfrac{1.118^2}{2}} = 0.79$$

与前面 $\mu_{\bar{x}} = \sqrt{\dfrac{\sum (\bar{x} - \bar{X})^2}{M}} = \sqrt{\dfrac{10}{16}} = 0.79$

计算的结果一致。

成数的抽样平均误差计算公式如下:

重复抽样方法: $\mu_p = \sqrt{\dfrac{P(1-P)}{n}}$ (7.11)

不重复抽样方法: $\mu_p = \sqrt{\dfrac{P(1-P)}{n}\left(1 - \dfrac{N}{n}\right)}$ (7.12)

在实际应用中,不论是抽样平均数的抽样平均误差,还是抽样成数的抽样平均误差,其中的总体方差 σ^2 和总体成数 P 都是未知的,可以按如下情况进行选择:

①可以用样本方差 s 和样本成数 p 代替。

②可以用历史资料代替。用过去如曾经进行过同类问题,全面或抽样调查所得到的方差和成数代替;也可以在正式抽样调查之前,先组织试验性抽样,用得到的方差和成数代替。

③如果 σ 或 s 是两个以上的资料,应选择最大的一个;如果 P 或 p 是两个以上的资料,应选择最接近 50% 的那一个。这样,使其选择的平均数的方差 σ^2 为最大,成数方差 $P(1-P)$ 也为最大。

④不重复抽样比重复抽样多一个修正系数 $1 - \dfrac{n}{N}$。当 N 很大时,$\dfrac{n}{N}$ 就很小,$1 - \dfrac{n}{N}$ 近似等于 1。因此,尽管采用的是不重复抽样方法,但仍可以用重复抽样公式计算抽样平均误差。当 N 未知时,也可以用重复抽样公式计算。

例 7.6 需对某天生产的 5 000 件电子元件的耐用时间检测,抽取了 100 件进行检验,其资料如下表:

根据规定,耐用时数在 3 000 h 以上为合格,计算该电子元件平均耐用时数的抽样平均误差和合格率的抽样平均误差。

本题目应按不重复抽样。为了说明计算方法,按重复抽样和不重复抽样两种方法计算。

表 7.4

耐用时间/h	抽样件数
3 000 以下	4
3 000—4 000	30
4 000—5 000	50
5 000 以上	16
合计	100

由于全部电子元件总体方差 σ^2 和合格率 P 未知,可用抽样结果代替。由

$$\bar{x} = \frac{\sum xf}{\sum f} = \frac{2\,500 \times 4 + 3\,500 \times 30 + 4\,500 \times 50 + 5\,500 \times 16}{4 + 30 + 50 + 16} \text{ h}$$

$$= 4\,280 \text{ h}$$

即样本方差为

$$s^2 = \frac{\sum (x - \bar{x})^2 f}{\sum f} = \frac{(2\,500 - 4\,280)^2 \times 4 + (3\,500 - 4\,280)^2 \times 30}{100} +$$

$$\frac{(4\,500 - 4\,280)^2 \times 50 + (5\,500 - 4\,280)^2 \times 16}{100} = 571\,600$$

(平均数和标准差计算较繁,建议用计算器的统计功能进行计算。)

平均耐用时数的抽样平均误差(用 s^2 代替 σ^2):

重复抽样:　　　　$\mu_{\bar{x}} = \sqrt{\dfrac{s^2}{n}} = \sqrt{\dfrac{571\,600}{100}}$ h $= 75.6$ h

不重复抽样:　$\mu_{\bar{x}} = \sqrt{\dfrac{s^2}{n}\left(1 - \dfrac{n}{N}\right)} = \sqrt{\dfrac{571\,600}{100}\left(1 - \dfrac{100}{5\,000}\right)}$ h $= 74.84$ h

平均耐用时数的抽样平均误差,按重复抽样为 75.6 h,不重复抽样为 74.84 h。可见,不重复抽样误差小一些。

样本合格率为:　　　　$p = \dfrac{n_1}{n} = \dfrac{96}{100} \times 100\% = 96\%$

合格率的抽样平均误差(用 p 代替 P):

重复抽样:　　　$\mu_p = \sqrt{\dfrac{p(1-p)}{n}} = \sqrt{\dfrac{0.96 \times 0.04}{100}} \times 100\% = 1.96\%$

不重复抽样:

$$\mu_{\mathrm{p}} = \sqrt{\frac{p(1-p)}{n}\left(1-\frac{n}{N}\right)}$$

$$= \sqrt{\frac{0.96 \times 0.04}{100}\left(1 - \frac{100}{5\,000}\right)} \times 100\% = 1.94\%$$

合格率的抽样平均误差,按重复抽样为 1.96%,不重复抽样为 1.94%。

7.2.3　抽样极限误差和估计的可靠程度

在抽样推断中,抽样指标是一个随机变量。要想确切地指出样本平均数与总体平均数,样本成数与总体成数之间的误差究竟有多大,几乎是不可能的。因为总体指标正是需要去推断的。因此,只能把抽样误差控制在一定范围之内。

抽样极限误差就是指样本指标与总体指标之间抽样误差的可能范围。也称为允许误差范围。它指样本指标是围绕总体指标在一定范围内变动,它可能大于总体指标,也可能小于总体指标。用 $\Delta_{\bar{x}}$ 表示抽样平均数极限误差,用 Δ_p 表示抽样成数极限误差。

用样本平均数与总体平均数之差的绝对值表示抽样误差的可能范围

$$\mid \bar{x} - \overline{X} \mid \leqslant \Delta_{\bar{x}}$$

由此可得:
$$\bar{x} - \Delta_{\bar{x}} \leqslant \overline{X} \leqslant \bar{x} + \Delta_{\bar{x}}$$

不等式表明总体平均数是以样本平均数为中心加减允许误差范围之间变动。把 $\bar{x} \pm \Delta_{\bar{x}}$ 作为估计总体平均数的区间范围,区间长度为 2 倍 "$\Delta_{\bar{x}}$"。

同理,用样本成数与总体成数之差的绝对值表示抽样误差的可能范围

$$\mid p - P \mid \leqslant \Delta_{\mathrm{p}}$$

由此可得
$$p - \Delta_{\mathrm{p}} \leqslant P \leqslant p + \Delta_{\mathrm{p}}$$

不等式表明总体成数以样本成数为中心加减允许误差范围之间变动。并把 $p \pm \Delta_{\mathrm{p}}$ 作为估计总体成数的区间范围。

抽样极限误差是通过抽样平均误差来衡量。以抽样平均误差 μ 为标准单位,t 倍抽样平均误差表示。抽样极限误差与抽样平均误差的关系表示为:

平均数的抽样误差范围　　　$\Delta_{\bar{x}} = t\mu_{\bar{x}}$ 　　　　　　　　(7.13)

成数的抽样误差范围　　　　$\Delta_{\mathrm{p}} = t\mu_{\mathrm{p}}$ 　　　　　　　　(7.14)

公式表示,当抽样平均误差一定时,抽样误差范围随着 t 值的增加而扩大,随着 t 值的减小而缩小。

由于抽样推断不能是指实际误差,只是可能误差范围,而对总体指标的推断也只能是以一定的可靠性来保证。推断在一定的概率保证下,总体指标

的可能范围。上述公式中的 t 表示概率度。它既表示抽样估计的可能范围是抽样平均误差的 t 倍，又对应了一个概率保证程度 $F(t)$。概率值 $F(t)$ 可以根据正态分布密度函数积分求得，即概率 $F(t) = \dfrac{1}{\sqrt{2\pi}} \int_{-t}^{t} e^{-\frac{t}{2}} dt$。一般不能计算，但可以根据编制成"正态分布概率表"查到概率度 t 与概率 $F(t)$ 之间的对应的值。知道了概率度 t 可以求概率 $F(t)$，知道了概率 $F(t)$ 可以求概率度 t。几种通常使用的特殊数值列表如下：

表 7.5

t	1	1.65	1.96	2	3
$F(t)$	0.682 7	0.900 0	0.950 0	0.954 5	0.997 3

正态分布曲线

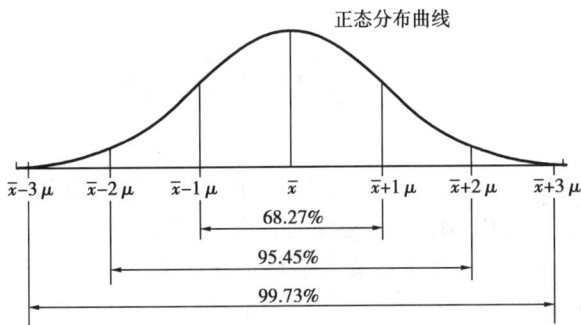

图 7.4

如图 7.4 表明，抽样推断总体平均数 $\overline{X}$ 落入样本平均数加减一倍误差范围（$\overline{x} \pm 1\mu_{\overline{x}}$）的概率为 68.27%，落入样本平均数加减两倍误差范围（$\overline{x} \pm 2\mu_{\overline{x}}$）的概率为 95.45%，落入样本平均数加减 3 倍误差范围（$\overline{x} \pm 3\mu_{\overline{x}}$）的概率为 99.73%。

抽样估计不但要考虑抽样误差的允许范围，还要考虑估计的把握程度（或概率）。允许误差范围也称为估计的准确性。估计结果允许范围越宽，准确性越低，反之准确性越高。抽样估计的把握程度也称为估计的可靠性。估计的把握程度越大，可靠性越高，反之越低。但准确性与可靠性相互矛盾，这是因为，在抽样平均误差 μ 一定时，允许误差（$\Delta = t\mu$）的大小由概率度 t 决定。t 越大概率 $F(t)$ 越大，允许误差范围 Δ 越大，准确性越低。

在抽样平均误差一定的情况下，可以在给出了可靠性 $F(t)$ 查表求 t，根据已知 t 求允许误差范围（$\Delta = t\mu$）；也可以在给出一定允许误差范围 Δ 下，求概率度 $\left(t = \dfrac{\Delta}{\mu} \right)$ 查表求概率 $F(t)$。

例 7.7　如对某校大学生体重抽样调查中,学生平均体重的抽样误差 $\mu_{\bar{x}}=1$ kg,若以 95.45% 可靠性保证,求允许误差范围。

由:$F(t)=95.45\%$,查表得 $t=2$。

允许误差:$\Delta_{\bar{x}}=t\mu_{\bar{x}}=2\times1$ kg$=2$ kg

结果表明,在抽样平均误差为 1 kg,可靠保证为 95.45% 时,允许误差不超过 2 kg。

若本例不是给出的可靠保证,而是允许误差不超过 11 kg,求抽样的可靠保证。

由概率度:$t=\dfrac{\Delta_{\bar{x}}}{\mu_{\bar{x}}}=\dfrac{3}{1}=3$,查表得概率 $F(t)=99.73\%$。

结果表明,在抽样平均误差为 1 kg,允许误差不超过 11 kg 时,抽样的可靠保证为 99.73%。

7.3　抽样估计的方法

抽样估计的基本方法有两种:点估计和区间估计。点估计是直接用样本平均数估计总体平均数,用样本成数估计总体成数。这种估计方法简单,但估计结果没有可靠保证,也即是没有估计的把握程度。

区间估计就是在一定的把握程度下,根据样本指标估计总体指标的可能范围的一种估计方法。包括对总体平均数的估计和对总体成数的估计。

对总体平均数估计的区间范围:

$$\bar{x}-\Delta_{\bar{x}}\leqslant\bar{X}\leqslant\bar{x}+\Delta_{\bar{x}} \tag{7.15}$$

若对总量 $\bar{X}N$ 进行估计,其区间表示为:

$$(\bar{x}-\Delta_{\bar{x}})N\leqslant\bar{X}N\leqslant(\bar{x}+\Delta_{\bar{x}})N \tag{7.16}$$

对总体成数估计的区间范围:

$$p-\Delta_{p}\leqslant P\leqslant p+\Delta_{p} \tag{7.17}$$

若对总量 PN 进行估计,其区间表示为:

$$(p-\Delta_{p})N\leqslant PN\leqslant(p+\Delta_{p})N \tag{7.18}$$

归纳起来,区间估计要明确三点:

①估计只是一个可能的范围(如:$\Delta_{\bar{x}}=t\mu_{\bar{x}}$);

②区间估计是根据样本指标和允许误差推断的总体指标的可能范围(如:$\bar{x}-\Delta_{\bar{x}}\leqslant\bar{X}\leqslant\bar{x}+\Delta_{\bar{x}}$);

③扩大允许误差范围(降低准确性)可以提高估计的把握程度(可靠

性),缩小允许误差范围(提高准确性)则会降低估计的把握程度。

例 7.8　某高职学院有 3 500 名学生,按简单随机不重复抽样,抽出 32 名学生进行月生活消费支出调查,资料如下:

表 7.6

学生月生活消费支出/元 x	人数/人 f
150	1
200	4
250	6
300	11
350	5
400	3
500	1
600	1
合计	32

要求:以 68.27% 的可靠性保证,推断全校学生月平均生活消费支出的可能范围。若把可靠性提高到 95.45%,推断全校学生月平均生活消费支出的可能范围。

根据以上资料,要推断全校学生月平均生活消费支出的可能范围,就是对总体平均数进行区间估计,即

$$\bar{x} - \Delta_{\bar{x}} \leqslant \bar{X} \leqslant \bar{x} + \Delta_{\bar{x}}$$

在此需要知道 $\bar{x}$, $\Delta_{\bar{x}}$,即

$$\bar{x} = \frac{\sum xf}{\sum f} = \frac{9\ 800}{32} \text{元} = 306.25 \text{元}$$

$\Delta_{\bar{x}} = t\mu_{\bar{x}}$, t 可以根据可靠性 $F(t) = 68.27\%$,查表得 $t = 1$。

$$\mu_{\bar{x}} = \sqrt{\frac{\sigma^2}{n}\left(1 - \frac{n}{N}\right)} \text{(不重复抽样)}$$

由于 σ^2 未知,可用 s^2 代替

$$s^2 = \frac{\sum (x - \bar{x})^2 f}{\sum f} = \frac{248\ 750}{32} \text{元} = 7\ 773.44 \text{元}$$

$$\mu_{\bar{x}} = \sqrt{\frac{s^2}{n}\left(1 - \frac{n}{n}\right)} = \sqrt{\frac{7\ 773.44}{32}\left(1 - \frac{32}{3\ 500}\right)} \text{元} = 15.51 \text{元}$$

统计学原理

$$\Delta_{\bar{x}} = t\mu_{\bar{x}} = 1 \times 15.51 \text{ 元} = 15.51 \text{ 元}$$

由 $\bar{x} - \Delta_{\bar{x}} \leqslant \overline{X} \leqslant \bar{x} + \Delta_{\bar{x}}$ 得

$$306.25 - 15.51 \leqslant \overline{X} \leqslant 306.25 + 15.51$$

即
$$290.74 \leqslant \overline{X} \leqslant 321.76$$

结果说明,以 68.27% 可靠性保证,全校学生的月平均消费支出在 290.74~321.76 元。估计区间为[290.74,321.76]。

若以 95.45% 的可靠性保证,即 $F(t) = 95.45\%$,查表得 $t = 2$。

$$\Delta_{\bar{x}} = t\mu_{\bar{x}} = 2 \times 15.51 \text{ 元} = 31.02 \text{ 元}$$

由 $\bar{x} - \Delta_{\bar{x}} \leqslant \overline{X} \leqslant \bar{x} + \Delta_{\bar{x}}$,得

$$306.25 - 30.02 \leqslant \overline{X} \leqslant 306.25 + 30.02$$

即
$$276.23 \leqslant \overline{X} \leqslant 336.27$$

结果说明,若可靠性提高到 95.45%,全校学生的月平均消费支出将为 276.23~336.27 元。估计区间范围扩大到[276.23,336.27],即可靠性提高了,准确程度降低了。

本例也可以对全校学生月消费总额进行区间估计。

若以 95.45% 的可靠性估计全校学生月消费总额($\overline{X}N$)的可能范围:

由 $(\bar{x} - \Delta_{\bar{x}})N \leqslant \overline{X}N \leqslant (\bar{x} + \Delta_{\bar{x}})N$,得

$$(306.25 - 30.02) \times 3\ 500 \leqslant \overline{X}N \leqslant (306.25 + 30.02) \times 3\ 500$$

即
$$966\ 805 \leqslant \overline{X}N \leqslant 1\ 176\ 945$$

以上说明,以 95.45% 的可靠性估计全校学生的月总消费支出的范围在 966 805~1 176 945 元。

例 7.9   以例 7.8 资料,若以 95.45% 的可靠性推断全部学生中生活消费支出在 300 元以下人数比重的区间范围及生活消费在 300 元以下学生人数的区间范围。

本题目就是要求估计全部学生消费支出是 300 元以下的成数($p - \Delta_p \leqslant P \leqslant p + \Delta_p$)和消费支出在 300 元以下总人数($(p - \Delta_p)N \leqslant PN \leqslant (p + \Delta_p)N$)的区间范围。

已知:$F(t) = 95.45\%$,查表得 $t = 2$,抽样 32 人中消费支出是 300 元以下的比重(成数)。$p = \dfrac{22}{32} = 68.75\%$,成数的抽样平均误差

$$\mu_p = \sqrt{\frac{P(1-P)}{n}\left(1 - \frac{n}{N}\right)}$$

总体 P 未知可以用样本 p 代替。

$$\mu_p = \sqrt{\frac{p(1-p)}{n}\left(1-\frac{n}{N}\right)} = \sqrt{\frac{0.687\,5 \times 0.312\,5}{32}\left(1-\frac{32}{3\,500}\right)} = 8.16\%$$

$$\Delta_p = t\mu_p = 2 \times 8.16\% = 16.32\%$$

由　$p-\Delta_p \leqslant P \leqslant p+\Delta_p$，得

$$68.75\% - 16.32\% \leqslant P \leqslant 68.75\% + 16.32\%$$

即　　　　　　　　　　$$52.43\% \leqslant P \leqslant 85.07\%$$

结果说明，以 95.45% 可靠性保证，全校学生生活消费支出在 300 元以下的人数比重为 52.43%~85.07%。

生活消费支出在 300 元以下总人数（PN）可能范围：

由 $(p-\Delta_p)N \leqslant PN \leqslant (p+\Delta_p)N$，得

$$(68.75\% - 16.32\%) \times 3\,500 \leqslant PN \leqslant (68.75\% + 16.32\%) \times 3\,500$$

得　　　　　　　　　$$1\,835.05 \leqslant PN \leqslant 2\,977.45$$

以上说明，以 95.45% 可靠性保证，生活消费在 300 元以下学生人数在 1 835~2 978 人。

例 7.10　服装设计师想知道推出的新款服装受到哪种年龄人群的喜爱，抽选了 100 名购买者进行调查，样本得到的平均年龄为 26 岁，标准差为 10 岁，要求估计误差范围不超过 2 岁。以多大的可靠性保证，总体喜欢此款服装的平均年龄的区间范围。

已知：$n=100$　$\bar{x}=26$　$s=10$　$\Delta_{\bar{x}}=2$

$$\mu_{\bar{x}} = \sqrt{\frac{s^2}{n}} = \sqrt{\frac{10^2}{100}} = 1 \quad （用 s 代替 \sigma）$$

$$t = \frac{\Delta_{\bar{x}}}{\mu_{\bar{x}}} = \frac{2}{1} = 2 \quad 查表 F(t) = 95.45\%。$$

由　$\bar{x}-\Delta_{\bar{x}} \leqslant \bar{X} \leqslant \bar{x}+\Delta_{\bar{x}}$，得

$$26 - 2 \leqslant \bar{X} \leqslant 26 + 2$$

$$25 \leqslant \bar{X} \leqslant 27$$

以 95.45% 的可靠性保证，总体喜欢此款服装的平均年龄在 25~27 岁。

例 7.11　对某广播电台的 800 名经常听众进行调查，发现有 600 名是青少年，要求允许误差范围不超过 3%。试以多大的概率保证全部听众中青少年听众所占比重的区间范围。

已知：$n=800$　$p=\dfrac{600}{800}=75\%$　$\Delta_p=3\%$。

$$\mu_p = \sqrt{\frac{p(1-p)}{n}} = \sqrt{\frac{0.75 \times 0.25}{800}} \times 100\% = 1.53\%$$

$t = \dfrac{\Delta_p}{\mu_p} = \dfrac{3\%}{1.53\%} = 1.96$，查表 $F(t) = 95\%$。

由　$p - \Delta_p \leqslant P \leqslant p - \Delta_p$，得

$$75\% - 3\% \leqslant P \leqslant 75\% + 3\%$$
$$72\% \leqslant P \leqslant 78\%$$

以 95% 的概率保证，全部听众中青少年听众所占比重的区间范围为 72%~78%。

例 7.12　某厂家生产一种家电产品，广告声称某市有 20% 以上的家庭在使用这种产品。抽样调查该市 300 个家庭，发现有 69 个家庭使用了这种产品。试以 95% 的概率推算，是否能证实该厂家的说法。

已知：$n = 300, p = \dfrac{69}{300} = 23\%, F(t) = 95\%$，查表 $t = 1.96$。

$$\mu_{\bar{x}} = \sqrt{\frac{p(1-p)}{n}} = \sqrt{\frac{0.23 \times 0.77}{300}} \times 100\% = 2.43\%$$

$$\Delta_{\bar{x}} = t\mu_{\bar{x}} = 1.96 \times 2.43\% = 4.67\%$$

由 $p - \Delta_p \leqslant P \leqslant p - \Delta_p$，得

$$23\% - 4.76\% \leqslant P \leqslant 23\% + 4.76\%$$
$$18.24\% \leqslant P \leqslant 27.76\%$$

推断结果，以 95% 的可靠保证，不能证实该厂家声称有 20% 以上家庭在使用的说法。

7.4　抽样组织设计

7.4.1　抽样方案设计

抽样方案是指对整个抽样调查过程的具体组织实施办法。要使抽样推断工作顺利进行，需要全盘考虑，进行抽样方案设计。抽样方案设计的内容包括：

①确定抽样调查的目的和调查项目；

②确定调查对象（总体）；

③确定抽样调查的组织方式和抽样方法；

④确定抽样调查达到的可靠程度和准确性的要求；

⑤确定必要的抽样数目；

⑥确定抽样估计的方法；

⑦确定工作机构及经费管理。

在抽样组织实施过程中要注意保证实现抽样的随机性原则；保证实现最大的抽样效果。

7.4.2　必要抽样单位数目的确定

在抽样推断中，影响抽样误差的因素有抽样单位数 n。抽样单位数越多，抽样误差越小，抽样推断越可靠。但是，抽取的样本单位数太多，会浪费大量的人力、物力和时间；抽样单位数太少，抽样误差太大，无法达到准确性和可靠性要求的目的。因此，若要控制抽样误差，保证抽样结果能达到预期目的，可以在抽样调查之前，合理地确定抽样单位数目。

在简单随机抽样方式下，可根据抽样极限误差的公式推导出来。如在重复抽样条件下平均数估计时必要的抽样数目，根据抽样极限误差：

$$\Delta_{\bar{x}} = t\mu_{\bar{x}}$$

由 $\Delta_{\bar{x}} = t\sqrt{\dfrac{\sigma^2}{n}}$ 两边同时平方得：

$$\Delta_{\bar{x}}^2 = t^2 \frac{\sigma^2}{n}$$

即
$$n = \frac{t^2 \sigma^2}{\Delta_{\bar{x}}^2} \tag{7.19}$$

同理可以推得，成数估计时的必要抽样数目为：

$$n = \frac{t^2 P(1 - P)}{\Delta_{\mathrm{p}}^2} \tag{7.20}$$

在不重复抽样条件下，对平均数估计的必要抽样数目为：

$$n = \frac{N t^2 \sigma^2}{N \Delta_{\bar{x}}^2 + t^2 \sigma^2} \tag{7.21}$$

对成数估计的必要抽样数目为：

$$n = \frac{N t^2 P(1 - P)}{N \Delta_{\mathrm{p}}^2 + t^2 P(1 - P)} \tag{7.22}$$

上述公式计算时要注意的问题：

①计算时一般总体的方差（σ^2 或 $P(1-P)$）未知，在没抽样之前也无法用样本方差（s^2 或 $p(p-1)$）代替。一般可以前一次或用历史资料代替。如果以

前没有调查资料,可事先作一些试验性调查,用试验结果得到的方差代替。

②如果方差同时有多个不同的结果,对 σ^2 而言选择最大的一个值。对 P 而言选择最接近 0.5 的那个数值,它能使成数的方差 $P(1-P)$ 为最大值,才能保证抽样调查一定的准确性。

③在同一调查中,平均数和成数估计所需的抽样单位数目不同时,或者有多个抽样单位数目资料时,为了保证抽样的准确性和可靠性,应该取其中较大的数值 n 作为共同使用的抽样单位数目。

例 7.13 以抽样调查学生生活消费支出为例,根据以前调查,学生平均生活消费支出的标准差为 80 元,要求抽样误差不超过 30 元,概率保证程度要达到 99.73%,那么,应抽取多少个样本单位为宜?

根据以上条件,$\sigma = 80, t = 3, \Delta_{\bar{x}} = 30$。

重复抽样,平均数抽样单位数目为:

$$n = \frac{t^2 \sigma^2}{\Delta_{\bar{x}}^2} = \frac{3^2 \times 80^2}{30^2} 人 = 64 人$$

不重复抽样,平均数抽样单位数目为:

$$n = \frac{N t^2 \sigma^2}{N \Delta_{\bar{x}}^2 + t^2 \sigma^2} = \frac{3\,500 \times 3^2 \times 80^2}{3\,500 \times 30^2 + 3^2 \times 80^2} 人 = 62.85 人 \approx 63 人$$

若根据以前调查,学生生活消费在 300 元以下人数占 71%,要求允许误差不超过 15%,概率保证程度要达到 99.73% 应抽取多少单位数目?

已知:$P = 71\%$ $\Delta_p = 15\%$ $t = 3$。由

$$P(1 - P) = 0.71 \times 0.29 = 0.205\,9$$

重复抽样,成数的抽样单位数目为:

$$n = \frac{t^2 P(1 - P)}{\Delta_p^2} = \frac{3^2 \times 0.205\,9}{0.15^2} 人 = 82.36 人 \approx 83 人$$

不重复抽样,成数的抽样单位数目为:

$$n = \frac{N t^2 P(1 - P)}{N \Delta_p^2 + t^2 P(1 - P)}$$

$$= \frac{3\,500 \times 3^2 \times 0.205\,9}{3\,500 \times 0.15^2 + 3^2 \times 0.205\,9} 人 = 80.47 人 \approx 81 人$$

根据以上计算可知,要达到以上要求,估计学生月平均消费支出和生活消费在 300 元以下人数比重,至少应抽取样本单位数目为 83 人。

例 7.14 如果想从一个专业 500 名学生中抽选随机样本,以估计他们每天用于学习的平均时间。据有人调查,平均时间的标准差为 30 min。要求允许误差不超过 5 min,概率保证程度为 95.45%,应抽取多大的样本?

已知:$N = 500, \sigma = 30, \Delta_{\bar{x}} = 5, t = 2$。

重复抽样：

$$n = \frac{t^2\sigma^2}{\Delta_{\bar{x}}^2} = \frac{2^2 \times 30^2}{5^2} \cdot 人 = 144 \ 人$$

不重复抽样：

$$n = \frac{Nt\sigma^2}{N\Delta_{\bar{x}}^2 + t^2\sigma^2} = \frac{500 \times 2^2 \times 30^2}{500 \times 5^2 + 2^2 \times 3^2} 人 = 111.8 \ 人 \approx 112 \ 人$$

结果表明，要达到以上要求，按重复抽样应抽取 144 人，不重复抽样应抽取 112 人。

由以上计算可知，影响抽样单位数目的因素有：

①t 值的大小，即可靠性的大小。t 值大，可靠性 $F(t)$ 高，就需要多抽；反之，就可以少抽。

②$\Delta_{\bar{x}}$ 或 Δ_p 值的大小，即准确性的大小。准确性高（允许误差范围小）需要多抽；反之，就可以少抽。

③σ^2 或 $P(1-P)$ 值的大小，即总体变量值差异程度的大小。在准确性和可靠性一定的情况下，差异程度大需要多抽；反之，就可以少抽。

④抽样方法的不同。在达到一定准确性和可靠性的情况下，一般重复抽样需要多抽，不重复抽样可以少抽。

下面用实例说明，在其他条件不变的情况下，如果改变允许误差范围抽样单位数目将如何变化。

例 7.15　以例 7.13 的资料，若允许误差范围为原来（30）的一半 $\Delta_{\bar{x}} = 15$，按重复抽样的抽样单位数目将如何变动。

可以由公式计算得：

$$n = \frac{t^2\sigma^2}{\Delta_{\bar{x}}^2} = \frac{3^2 \times 80^2}{15^2} 人 = 256 \ 人$$

这说明，抽样允许误差范围只减少一半（准确性提高了），抽样单位数目就要增加为原来（64 人）的 4 倍，这将增加许多调查工作量。

允许误差范围比原来增加一倍 $\Delta_{\bar{x}} = 60$，抽样单位数目就只要原来的 1/4，即

$$n = \frac{t^2\sigma^2}{\Delta_{\bar{x}}^2} = \frac{3^2 \times 80^2}{60^2} 人 = 16 \ 人$$

其实，由 $n = \dfrac{t^2\sigma^2}{\Delta_{\bar{x}}^2}$ 可知，当允许误差为原来的一半（$\dfrac{1}{2}$）时，即抽样单位数目：

$$\frac{t^2\sigma^2}{\left(\frac{1}{2}\Delta_{\bar{x}}\right)^2} = 4 \cdot \frac{t^2\sigma^2}{\Delta_{\bar{x}}^2} = 4 \cdot n = 2^2 n$$

当允许误差为原来的 $\frac{1}{3}$, $\frac{1}{4}$ ··· 时, 抽样单位数目为 $3^2 n, 4^2 n \cdots$。

当允许误差增加一倍(即为原来的 2 倍)时, 抽样单位数目:

$$\frac{t^2 \sigma^2}{(2\Delta_{\bar{x}})^2} = \frac{1}{4} \cdot \frac{t^2 \sigma^2}{\Delta_{\bar{x}}^2} = \frac{1}{4} \cdot n = \frac{1}{2^2} n$$

当允许误差为原来的 3,4 ··· 倍时, 抽样单位数目为: $\frac{1}{3^2} n, \frac{1}{4^2} n \cdots$

当允许误差变动为原来 k 倍时, 抽样单位数目为 $\frac{1}{k^2} n$。所以, 在实际抽样中, 要改变抽样的准确性(允许误差范围), 就可大致知道应抽选多少样本单位数目, 才能达到预期的目的。特别是抽样准确性不是要求很高时, 可以减少许多人力、物力和工作量的投入。

7.4.3　抽样组织方式

抽样有 5 种基本组织方式:简单随机抽样、类型抽样、等距抽样、整群抽样和多阶段抽样。由于不同的抽样方式, 抽样平均误差计算不同, 抽样估计的结果有所不同。前面所计算的抽样平均误差、抽样单位数目以及进行区间估计, 都是在简单随机抽样方式下进行的。

1)简单随机抽样

简单随机抽样又叫纯随机抽样, 它是按随机原则直接从总体 N 个单位中抽取样本容量为 n 的样本单位。这种抽样方式能使总体中每一个单位有同等被抽中的机会, 比较适用于总体差异程度较小时采用, 是抽样调查最基本的组织方式。

简单随机抽样通常是用抽签的方式抽取所要调查的单位。具体过程是, 先将总体各单位编上号, 然后随机抽取。抽取时可直接抽签, 也可用《随机数值表》进行抽取。

2)类型抽样

类型抽样又称分类抽样, 它的特点是先对总体各单位按有关标志进行分类(组), 再从各类中按随机原则抽取一定数量的单位。由于事先将总体单位分类, 把性质比较接近的单位划在同一类型中, 从而缩小了各单位之间的差异程度, 抽选时每一种类型都抽到了。因此, 抽出的样本具有较高的代表性, 抽样误差较小。如对某地区居民收入情况进行调查, 首先对居民收入进行初步了解(如职业、工作单位、职务、职称等)的基础上,按收入划分成高收入、中等收入和低收入 3 类,然后在各类中抽出部分单位构成样本进行调查。

类型抽样是从总体 N 个单位,分为 k 组,各组单位数 $N_i(i=1,2,\cdots,k)$,从 N 中抽取 n 个单位,n 是由从各组 N_i 中分别抽取 $n_i(i=1,2,\cdots,k)$ 个单位构成。样本单位在各类之中抽选多少,有两种分配方法:一是按各种类型单位数占总体单位数的比例的大小分配;另一种是按各种类型标志变动程度大小分配,变动程度大的多抽,反之,少抽。通常采用前一种分配方法。

3) 等距抽样

等距抽样又称机械抽样。它事先将总体各单位按某一标志排队,然后,每隔一定的距离抽取一个调查单位。第一个样本单位按随机性抽选,第一个单位一经确定,其余的单位每隔一定距离抽选。排队的标志可采用与调查目的有关标志,也可采用无关标志。

如对某行业职工收入进行调查,按职工工资收入由低到高进行排队,每隔一定距离抽一职工。抽到的职工各工资层次都有,构成的样本代表性也较高。按与调查目的有关标志排队进行抽样,能保证抽取调查单位在总体中均匀分布,并能缩小各单位间的差异程度。这种抽样误差通常比简单随机抽样误差小,与类型抽样近似。

按无关标志排队,按职工年龄由低到高进行排队,每隔一定距离抽一职工,抽到各年龄层次的职工,但年龄与收入不一定有关,按与调查目的无关标志排队进行抽样,并不能缩小各单位间的差异程度,这种抽样与简单随机抽样近似。

4) 整群抽样

整群抽样是将总体各单位划分成若干群,然后随机抽取一些群,对选中的群的全部单位都进行调查。整群抽样比较容易组织,有些现象适用于整群抽样。如对某大学学生生活消费支出进行调查,可以采用整群抽样,把一个班作为一个样本群,抽到的群每一个同学都进行调查。又如,大批量连续生产产品进行质量检验,每隔 10 h 抽出 1 h 生产的产品进行检验。这是把连续生产的时间划分每 1 个小时为一群,凡抽到群(1 h)的全部产品都进行检验。

5) 多阶段抽样

以上 4 种方式都是指经过一次抽选就可以直接确定样本单位的抽样方法。但在实际调查中,调查总体很大,总体单位分布又广,抽样调查直接抽选总体单位有困难时,采用多阶段抽样比较恰当。

多阶段抽样就是把抽取样本单位的过程分为两个以上的阶段进行。先从总体中抽选若干大的样本单位,这是第一阶段抽样。然后,从被抽中若干大的单位中抽选较小的样本单位,这是第二阶段抽样。以此类推,再在被抽中单位中抽选较小的样本单位,可以有第三阶段、第四阶段等,最后抽出所需的样本来。

如某地区教育主管部门要了解目前大学生就业情况。如果直接抽查学生有一定困难,可以采用多阶段抽样。首先,按照随机原则抽选一些学校,然后,在被抽到的学校中随机抽选一些系或专业,再在被抽到的系或专业中抽选一些人进行调查。

【本章小结】

抽样推断是指根据数理统计的有关原理,按随机原则,从总体中,抽样所获得的样本指标数值对总体指标数值作出具有一定可靠性的估计和推断。

抽样推断有三个特点:①按随机原则抽选样本单位;②抽样的目的是为了推断总体;③抽样推断可以计算和控制误差。

抽样推断常用的几个基本概念有:总体与样本、总体指标与样本指标、重复抽样和不重复抽样。

抽样误差的概念、抽样平均误差和极限误差。

影响抽样误差的因素:①总体标准差;②抽样单位数;③抽样方法;④抽样组织方式。

抽样平均误差4种计算公式(简单随机抽样条件下):

重复抽样:$\mu_{\bar{x}}=\sqrt{\dfrac{\sigma^2}{n}}$　　$\mu_p=\sqrt{\dfrac{P(1-P)}{n}}$

不重复抽样:$\mu_{\bar{x}}=\sqrt{\dfrac{\sigma^2}{n}\left(1-\dfrac{n}{N}\right)}$　　$\mu_p=\sqrt{\dfrac{P(1-P)}{n}\left(1-\dfrac{N}{n}\right)}$

抽样极限误差计算:$\Delta_{\bar{x}}=t\mu_{\bar{x}}$,$\Delta_p=t\mu_p$

概率度 t 计算:$t=\dfrac{\Delta_{\bar{x}}}{\mu_{\bar{x}}}$,$t=\dfrac{\Delta_p}{\mu_p}$

概率度 t 和概率 $F(t)$ 可以根据"正态分布概率表"查它们之间对应的值。

抽样估计有两种方法:点估计和区间估计。重点是区间估计。

估计总体指标的区间范围有如下表示:

对总体平均数的估计:$\bar{x}-\Delta_{\bar{x}}\leqslant\bar{X}\leqslant\bar{x}+\Delta_{\bar{x}}$

对总量 $\overline{X}N$ 估计：$(\bar{x}-\Delta_{\bar{x}})N \leqslant \overline{X}N \leqslant (\bar{x}+\Delta_{\bar{x}})N$

对总体成数的估计：$p-\Delta_p \leqslant P \leqslant p+\Delta_p$

对总量 PN 的估计：$(p-\Delta_p)N \leqslant PN \leqslant (p+\Delta_p)N$

区间估计是估计总体指标的可能范围，总体指标在这个范围有可靠保证。

抽样方案设计的内容。其中，确定必要的抽样单位数目：

平均数的必要抽样数目　　成数的必要抽样数目：

重复抽样： $n=\dfrac{t^2\sigma^2}{\Delta_{\bar{x}}^2}$ 　　　　 $n=\dfrac{t^2P(1-P)}{\Delta_{\bar{x}}^2}$

不重复抽样： $n=\dfrac{Nt^2\sigma^2}{N\Delta_{\bar{x}}^2+t^2\sigma^2}$ 　　 $n=\dfrac{Nt^2P(1-P)}{N\Delta_p^2+t^2P(1-P)}$

抽样组织方式有：简单随机抽样（本章主要介绍的内容）、类型抽样、等距抽样、整群抽样和多阶段抽样。

【思考题】

1.什么是抽样推断？它有哪些特点？

2.什么是总体和样本？

3.什么是总体指标和样本指标？为什么说总体指标是唯一确定的量，而样本指标则是一个随机变量？

4.有哪两种抽样方法？它们有什么不同？

5.简单随机抽样的抽样平均误差有哪些计算公式？

6.影响抽样平均误差的因素有哪些？

7.什么是抽样误差、抽样平均误差和抽样极限误差？三者的关系如何？

8.什么是区间估计？对总体平均数和成数估计的区间范围如何表示？

9.必要的抽样数目有哪些计算公式？

10.影响必要抽样数目的因素有哪些？

11.有哪些抽样组织方式？它们是如何抽选样本单位的？

【练习题】

1.按重复抽样从5 000个产品中抽取100件进行重量检验，每件平均重量503 g，平均重量的标准差为15 g。要求：（1）计算平均重量的抽样平均误差；（2）试以95.45%的概率保证，推断5 000件产品平均重量在什么范围内；

（3）若以99.73%概率保证,推断平均重量在什么范围。

2.在关于市场推出的一种"学生奶"调查中,学生150人中有80人说喜欢这种"学生奶",试以90%的可靠性估计,全部学生中喜欢此奶的人数比重的区间范围。

3.某企业从年300天的日产量中随机抽取34天资料如下:

日产量/t	天数
100~150	10
150~200	13
200~250	8
250 以上	3
合计	34

根据以上资料,按照重复抽样方式,以95.45%的概率保证,

（1）计算平均日产量的平均误差及日产量在200 t以下天数比重的平均误差;

（2）估计年平均日产量的可能范围及年总产量的可能范围;

（3）估计年日产量在200 t以下天数比重的可能范围及年日产量在200 t以下天数的可能范围。

4.对某型号的电子元件进行耐用性能检查,随机抽查100件,其中,合格率为95%,平均耐用时数为1 055 h,标准差为50 h,要求耐用时数的允许误差范围不超过10 h,试估计以多高的可靠性保证该批电子元件的平均耐用时数的区间范围。若合格率的允许误差不超过3.6%,以多大的可靠性估计,求该批电子元件合格率的区间范围。

5.某地区进行家庭收入调查,已知每户年平均收入的标准差170元,要求可靠程度为95.45%,允许误差为50元,计算应抽取多少样本户数? 若可靠程度提高到99.73%,允许误差不变,应抽取多少样本户数?

6.按不重复抽样调查10 000件产品的合格率,根据过去的资料,产品合格率为97%,现在要求允许误差不超过1.5%,可靠程度为95.45%,需要抽查多少产品?

第 8 章
相 关 分 析

【学习目标】

    通过本章学习,了解相关的意义和种类,相关分析的主要内容。掌握相关系数的计算和相关图表的编制,利用相关系数判断现象相关的密切程度。理解回归分析的意义,回归分析与相关分析的联系和区别。能够建立回归方程。

8.1 相关的意义和种类

统计主要是研究社会经济生活存在相互依存、相互制约、相互影响的关系。例如,企业的规模和经营费用的关系、工资增长和劳动生产率变动的关系、家庭收入水平和支出的关系、劳动机械化水平与劳动生产率的关系。无疑,从数量上研究这些现象相互依存关系,分析现象变动的影响因素和作用强度,对于加强经济的科学管理,发挥统计工作的职能都有其现实意义。对于社会经济现象相互联系的分析研究仍然离不开现象总体特点的剖析。

现象总体包含许多单位,表明单位特征的数量标志可能有很多个,只要仔细分析和留意观察就会发现总体中往往有两个有关系的数量标志——变量,它们所出现的变量值是一一对应的。例如,居民家庭既有收入的标志,也有消费支出的标志,从而,每一家庭有年收入金额的数量,相应也有年消费金额的数量。播种面积有收获量的标志,也有施肥量的标志,对每亩播种面积来说,这两个数量也是对应的。工厂有原材料投入的标志,就有产品产出标志,对同类工厂来说,投入与产出的数量是对应的。每个人有身高标志,也有体重标志,它们的数量表现也是成对的。一般地说,在总体中,如果对变量 x 的每一个数值,相应还有第二个变量 y 的数值,则各对变量的变量值所组成的总体称为二元总体。推而广之,如果是由两个以上相互对应的变量组成的总体,便称为多元总体。

对于这样的总体,我们研究的主要内容是:

①两变量是不是存在关系,关系的密切程度如何? 例如,家庭的消费支出是否和它的收入水平有关,商业企业的流通费用率和企业的规模是否存在关系,关系密切到什么程度,等等。

②如果存在关系,那么关系的具体形式是什么? 例如是线性关系,还是曲线关系? 怎样找出一个合适的方程来表示这种关系。

③怎样根据一个变量的变动来估计另一变量的变动? 例如从居民收入的变化估计商品营业额的变化,从投资额的变化估计社会总产值的变化等。

相关分析就是研究两个或两个以上变量之间相互关系的统计分析方法。

8.1.1 相关关系的概念

在进行相关分析时首先要进行定性分析,即从总体的一系列标志找到其中有联系的标志,即确定自变量(因素标志)和因变量(结果标志)。

根据结果标志对因素标志的不同反映,可以把现象总体数量上存在的依存关系划分为函数关系和相关关系。函数关系是当因素标志的数量确定之后,结果标志的数量也随之完全确定。

相关关系是不完全确定的随机关系。在相关关系的情况下,因素标志的每个数值,都可能有若干个结果标志的数值。所以,相关关系是一种不完全的依存关系。例如,工人的技术水平提高,使得劳动生产率提高,但不意味着做同样工作的几个同级工人都有同样高的劳动生产率。又如,水稻播种的株行距确定了,但每亩的产量却有多有少,并不随株行距完全确定。其他如劳动生产率与工资水平的关系,商品流转规模与流通费用水平的关系,投资额和国民收入增长的关系等都是如此。究其原因是,现象在数量上受各种各样因素的影响,其中错综复杂的关系有些属于人们暂时还没有认识的,或者被认识但还无法控制,而有些计量上的误差,都造成现象之间变量关系的不确定性。但是不确定的变量关系还是有规律可循的,经过人们大量观察,会发现许多现象变量之间确实存在着某种规律性,把那些影响结果标志数值的其他一些次要因素、偶然因素都抵消,抽象了,使相关关系通过平均值明显地表现出来。

函数关系与相关关系的联系表现在,对具有相关关系的现象进行分析时,则必须利用相应的函数关系数学表达式,来表明现象之间的相关方程式。相关关系是相关分析的研究对象,函数关系是相关分析的工具。

8.1.2 相关的种类

现象的相关关系可以按不同的标志加以区别。

1)按相关的程度分为完全相关、不完全相关和不相关

两种依存关系的标志,其中一个标志的数量变化由另一个标志的数量变化所确定,则称这两种标志间的关系为完全相关。在这种情况下相关关系即成为函数关系,可以用一定方程式准确地表示。两个标志彼此互不影响,其数量变化各自独立,称为不相关;两个现象之间的关系,介于完全相关和不完全相关之间称为不完全相关,这是统计分析的主要研究对象。

2)按相关的方向分为正相关和负相关

正相关是因素标志和结果标志的数量变动方向一致。例如,收入和支出的关系。负相关是因素标志和结果的变动方向相反。例如,商品流通企业的规模和流通费用率的关系。

3)按相关的形式分为线性相关和非线性相关

如果把两个具有相关关系的现象放在直角坐标系中,给定 x, y 的分布情况大致在一条直线周围,这两种相关称为线性相关。如果现象相关点的分布并不表现为直线关系,而近似于某种曲线关系,则这种关系就称为非线性相关。

4)按影响因素的多少分为单相关和复相关

这是按影响结果标志的因素标志数目多少对相关进行的分类。如果研究的是一个结果标志同某一因素标志相关,就称为单相关或简相关。例如,在计件工资的条件下,工人一天的工资与其完成产量成相关关系,这时所研究的只是两个标志的相关关系,所以称为单相关。统计实践中,经常分析若干个因素标志对结果标志的影响,这种关系即为复相关,又称多元相关。

8.1.3 相关分析的主要内容

①确定相关关系的存在,相关关系呈现的形态和方向,相关关系的密切程度。其主要方法是绘制相关图表和计算相关系数。

②确定相关关系的数学表达式。为了测定现象之间数量变化上的一般关系,必须使用函数关系的数学公式作为相关关系的数学表达式。如果现象之间表现为直线相关,采用配合直线方程的方法;如果表现为曲线相关,就采用配合曲线方程的方法。这是进行判断、推算和预测的依据。

③确定因变量估计值误差的程度。使用配合直线或曲线的方法可以找到现象之间一般的变化关系,即自变量变化时,因变量一般会发生多大的变化。根据得出的直线方程或曲线方程可以给出自变量的若干数值,求得因变量相应的若干个估计值。估计值和实际值是有出入的,确定因变量估计值误差程度大小的指标是估计标准误。估计标准误大,表明估计较不精确;估计标准误小表明估计较精确。

8.2　相关图表和相关系数

8.2.1　相关图表

1) 相关表的编制

在统计中,制作相关表或相关图,可以直观地判断现象之间大致上呈现何种关系的形式。相关图表是相关分析的重要方法。对现象总体两种相关标志作相关分析,研究其相互依存关系,首先要通过实际调查取得一系列成对的标志值资料,作为相关分析的原始数据。根据资料是否分组,相关表可分为简单相关表和分组相关表。相关表仍然是统计表的一种。

简单相关表是资料未经分组的相关表,它是把因素标志值按照从小到大的顺序并配合结果标志值一一对应而平行排列起来的统计表。简单相关表是现象标志之间相关研究初步结果的表现,如表 8.1 所示。

表 8.1

产量/件	20	20	20	20	20	20	20	20	20	30	30	30	30	30	40
单位成本/元	15	16	16	16	16	18	18	18	18	15	15	15	16	16	15

从表中可以直观地发现,随着产量的增加,单位成本也有降低的趋势。尽管在同样产量的情况下,单位成本存在差异,但是仍然体现两者存在一定的依存关系。

在大量的观察资料情况下,按简单相关表来研究相关关系是很困难的,应该编制分组相关表。它是在简单相关表的基础上,将原始数据进行分组而编成的统计表。

就上例,按产量分组而形成的单变量分组表如表 8.2 所示。

表 8.2

产量/件	企业数/个	平均单位成本/元
20	9	16.8
30	5	15.6
40	1	15.0

若将这种分组相关表和简单相关表加以比较,可以发现单变量分组相关表使得冗长的资料简化,能够更清晰地反映出两变量之间相关关系。从表8.2可以看出,产量和单位成本之间存在着负相关的直线趋势。

2)相关图的编制

利用直角坐标系第一象限,把自变量置于横轴上,因变量置于纵轴上,而将两变量相对应的变量值用坐标的形式描绘出来,用以表明相关点分布状况的图形,就是相关图。

相关图会很直观地显示现象之间相关的方向和密切程度。这种相关图被形象地称为相关散点图。

8.2.2　相关系数

相关图和相关表虽然能反映标志之间的相关关系,但是还应该用统计指标来表明相关的密切程度,这就是相关系数。相关系数是测定变量之间相关密切程度和相关方向的代表性指标。相关系数用符号"r"表示,其特点表现在:

①参与相关分析的两个变量是对等的,不分自变量和因变量,因此相关系数只有一个。

②相关系数有正负号反映相关关系的方向,正号反映正相关,负号反映负相关。

③计算相关系数的两个变量都是随机变量。其公式为:

$$r = \frac{n\sum xy - \sum x \sum y}{\sqrt{\left[n\sum x^2 - (\sum x)^2\right]\left[n\sum y^2 - (\sum y)^2\right]}}$$

现在将相关系数 r 的性质总结如下:

①当$|r|=1$时,x 与 y 变量为完全线性相关,x 与 y 之间存在着确定的函数关系。

②当$0<|r|<1$时,表示 x 与 y 存在着一定的线性相关。$|r|$ 的数值愈大,愈接近于1,表示 x 与 y 直线相关程度愈高;反之,$|r|$ 的数值愈小,愈接近于0,表示 x 与 y 直线相关程度愈低。通常判断的标准是:$|r|<0.3$ 称为微弱相关,$0.3<|r|<0.5$ 称为低度相关,$0.5<|r|<0.8$ 称为显著相关,$0.8<|r|<1$ 称为高度相关。

③当$r>0$时,表示 x 与 y 为正相关,当$r<0$时,表示 x 与 y 为负相关,见表8.3。

表 8.3

月份 n	产量/千件 x	单位成本/元 y	x^2	y^2	xy
1	2	73	4	5 329	146
2	3	72	9	5 184	216
3	4	71	16	5 041	284
4	3	73	9	5 329	219
5	4	69	16	4 761	276
6	5	68	25	4 624	340
合计	21	426	79	30 268	1 481

要求计算相关系数

$$r = \frac{n \sum xy - \sum x \sum y}{\sqrt{\left[n \sum x^2 - \left(\sum x \right)^2 \right]\left[n \sum y^2 - \left(\sum y \right)^2 \right]}}$$

$$= \frac{6 \times 1\ 481 - 21 \times 426}{\sqrt{\left[6 \times 79 - 21^2 \right]\left[6 \times 30\ 268 - 426^2 \right]}}$$

$$= -0.909\ 1$$

$r = -0.909\ 1$ 说明产量和单位成本之间存在高度负相关。

8.3　回归分析

8.3.1　回归分析的意义

就一般意义而言,相关分析包括回归和相关两方面内容,因为回归与相关都是研究两个变量相互关系的分析方法。但就具体方法所解决的问题而言,回归分析和相关分析是有明显差别的。相关系数能确定两个变量之间相关方向和相关的密切程度。但不能指出两变量相互关系的具体形式,也无法从一个变量的变化来推测另一个变量的变化情况。回归分析就是对具有相关关系的两个或两个以上变量之间数量变化的一般关系进行测定,确立一个相应的数学表达式,以便从一个已知量来推测另一个未知量,为估算预测提供一个重要的方法。

回归分析和相关分析是互相补充、密切联系的。相关分析需要回归分析来表明现象数量关系的具体形式,而回归分析则应该建立在相关分析的基础上,依靠相关分析表明现象的数量变化具有密切相关,进行回归分析求其相关的具体形式才有意义。在相关程度很低的情况下回归函数的表达式代表性就几乎不存在了。

8.3.2　回归的种类

回归有不同的种类。按自变量的个数分,有一元回归和多元回归。只有一个自变量的称为一元回归,又称简单回归。有两个或两个以上自变量的称为多元回归,或称复回归。按照回归线的形状分,有线性回归(直线回归)和非线性回归(曲线回归)。其中,线性回归是基本的,本章只介绍一元线性回归,即简单线性回归分析方法。

当两个变量的增量按一定比例变化,或者说两变量的增长比率为常数时,就说两变量是完全线性相关。写出其方程式为:$y = a + bx$。这是简单线性方程式的一般形式。

由于现象数量之间的变化常常是按比例地变化,而且许多现象非线性的变化在较短的时间内也近似于线性变化,可以利用线性分析方法。在数学运算上,线性分析有很大方便。显然,通过简单线性回归方程所进行的回归分析有特别重要的意义。

8.3.3　回归方程

我们知道,变量 y 的数值不但受 x 变动的影响,还受其他随机因素的影响。因而 x 与 y 的关系也不表现为完全线性相关。通过相关图就可以直观地发现,各个相关点并不都落在一条直线上,而是在直线上下变动,只呈现线性相关的趋势。简单线性回归分析的任务就是设法在这些分散的具有线性关系的相关点之间配合一条最优的直线,以表明两变量之间具体的变动关系。现在,试图在相关图的散点中引出一条模拟的回归直线,以表明两变量 x 与 y 的关系,称它为估计回归线。配合回归线相应方程式称为回归方程,即

$$y_c = a + bx$$

这个方程是简单线性回归方程。

式中　y_c——y 的估计值;

　　　　a——直线的起点值,在数学上称为直线的纵轴截距;

b——自变量增加一个单位时因变量的平均增加值,数学上称为斜率,也称回归系数。

a 和 b 都叫做待定参数,这是需要根据实际资料求解的数值。一旦解出 a 和 b,表明变量之间一般关系的回归直线就确定下来。其计算公式为:

$$b = \frac{\sum xy - \dfrac{1}{n} \sum x \sum y}{\sum x^2 - \dfrac{1}{n}(\sum x)^2}$$

$$a = \bar{y} - b\bar{x}$$

如例 6.1

$$b = \frac{1\,481 - \dfrac{1}{6} \times 21 \times 426}{79 - \dfrac{1}{6} \times 21^2} = -1.82$$

$$a = \frac{426}{6} - (-1.82) \times \frac{21}{6} = 77.37$$

回归方程为: $y_c = 77.37 - 1.82x$ 表明当产量增加 1 000 件时,单位成本平均降低 1.82 元。当 b 的符号为正时,自变量和因变量按相同的方向变动;当 b 的符号为负时,自变量和因变量按相反方向变动。

若产量为 6 000 件时,单位成本为 66.45 元/件。相关分析是研究变量之间相互关系的密切程度和相互联系方式的重要方法。

8.3.4　估计标准误差

回归方程的一个重要作用在于根据自变量的已知值推算因变量的可能值。这个可能值或称估计值、理论值、平均值,它和真正的实际值可能一致,也可能不一致。因而就产生估计值的代表性问题。当 y_c 值与 y 值一致时,表明推断准确;当 y_c 值与 y 值不一致时,表明推断不够准确。显而易见,将一系列 y_c 值和 y 值加以比较,可以发现其中存在着一系列离差,有的是正差,有的是负差。回归方程的代表性如何,一般是通过估计标准误指标的计算来加以检验。估计标准误差是用来说明回归方程代表性大小的统计分析指标,其计算原理与标准差基本上相同,计算公式为:

$$s_{yx} = \sqrt{\frac{\sum (y - y_c)^2}{n - 2}}$$

式中　S_{yx}——估计标准误,其下标 yx 表示 y 依 x 而回归的方程;

y——因变量实际值 y_c,是根据回归方程推算出来的因变量估计值;

$n-2$——回归估计自由度。因为模型 $y_c = a+bx$ 中包括估计量 a 和 b,因此失去了两个自由度。

表 8.3 内容计算如下:

月份	x	y	$Y_c = 77.37 - 1.82x$	$(y-y_c)$	$(y-y_c)^2$
1	2	73	73.73	−0.73	0.532 9
2	3	72	71.91	0.09	0.008 1
3	4	71	70.09	0.91	0.828 1
4	3	73	71.91	1.09	1.188 1
5	4	69	70.09	−1.09	1.188 1
6	5	68	68.27	0.27	0.072 9
合计	21	426	—	—	3.818 2

把计算结果代入公式为:

$$s_{yx} = \sqrt{\frac{\sum (y-y_c)^2}{n-2}} = \sqrt{\frac{3.818\ 2}{6-2}}\ 元 = 0.977\ 元$$

结果表明,估计标准误是 0.97 元,这是就平均值来说的,离差有正有负,平均起来等于 0.97 元。估计标准误的计量单位与 y 的单位相同,也就是说,估计标准误的大小受到 y 的计量单位变动的影响。若估计标准误 S_{yx} 大,即实际值与估计值的平均离差大,则估计值 y_c(回归方程)的代表性就小;反之,当 S_{yx} 小,即实际值与估计值相距很近,则估计值 y_c(回归方程)的代表性就大。因此,只有在估计标准误小的情况下,用回归方程作估计或预测才具有实用价值。

其简化公式如下:

$$S_{yx} = \sqrt{\frac{\sum y^2 - a\sum y - b\sum xy}{n-2}}$$

$$= \sqrt{\frac{30\ 268 - 77.37 \times 426 + 1.82 \times 1\ 481}{6-2}}\ 元 = 0.975\ 元$$

【本章小结】

相关分析就是研究两个或两个以上变量之间相关程度大小以及用一定函数来表达现象相互关系的方法。一般来说,现象之间的相互关系可以分为两种:一种是函数关系,一种是相关关系。函数关系是一种完全确定性的依存关系,即当因素标志的数量确定之后,结果标志的数量也随之完全确定。相关关系是一种不完全确定的依存关系,即因素标志的每个数值都可能有若干个结果标志的数值与之相对应。相关关系是相关分析的研究对象,而函数关系则是相关分析的工具。

　　相关的种类:①按相关的程度分,有完全相关、不完全相关和不相关。相关分析的主要对象是不完全的相关关系。②按相关的性质分,有正相关和负相关。正相关指的是因素标志和结果标志变动的方向一致,负相关指的是因素标志和结果标志变动的方向相反。③按相关的形式分,有线性相关和非线性相关。线性相关指的是各相关点的分布大致靠近于一条直线,非线性相关指的是各相关点的分布近似于某种曲线。④按影响因素多少分,有单相关和复相关。单相关指的是一个结果标志和一个因素标志之间的相关关系,复相关指的是一个结果标志和两个或两个以上的因素标志之间的相关关系。

　　编制相关表不仅可以直观地显示现象之间的数量相关关系,而且它也是计算相关指标的基础。相关表有简单相关表和分组相关表,分组相关表又有单变量分组相关表和双变量分组相关表。

　　相关图是利用直角坐标系第一象限,将横轴作为自变量,纵轴作为因变量,将两变量相对应的变量值用坐标点的形式描绘出来,用以表明相关点分布状况的图形。相关图有相关散点图和相关曲线图。借助相关图可以直观而形象地显示现象之间相关的性质和密切程度。

　　相关系数是测定变量之间相关密切程度和相关方向的代表性指标。相关系数用符号"r"表示。

　　回归分析是对具有相关关系的两个或两个以上变量之间数量变化的一般关系进行测定,确定一个相应的数学表达式,以便从一个已知量来推测另一个未知量,为估计预测提供一个重要的方法。

　　回归分析按自变量的个数分,有一元回归和多元回归;按回归线的形状分,有线性回归和非线性回归,其中线性回归是最基本的。

【思 考 题】

　　1.什么是相关关系? 它与函数关系有何不同?

　　2.相关分析与回归分析有何区别与联系?

　　3.拟合回归方程 $y_c=a+bx$ 有什么要求? 回归方程中参数 b 的经济含义是什么?

　　4.回归系数 b 和相关系数 r 的关系如何?

　　5.什么是估计标准误? 这个指标有什么作用?

【练习题】

1.有 10 个同类企业的生产性固定资产年平均价值和工业增加值资料如下：

企业编号	生产性固定资产价值/万元	工业增加值/万元
1	318	524
2	910	1 019
3	200	638
4	409	815
5	415	913
6	502	928
7	314	605
8	1 210	1 516
9	1 022	1 219
10	1 225	1 624

根据资料：①计算相关系数，说明两变量相关的方向和程度；

②编制直线回归方程，指出方程参数的经济意义；

③估计生产性固定资产（自变量）为 1 100 万元时，工业增加值（因变量）的值。

2.检查 5 位同学统计学的学习时间与成绩分数资料如下表：

学习时数/h	学习成绩/分
4	40
6	60
7	50
10	70
13	90

根据资料：①建立学习成绩（y）依学习时间（x）的直线回归方程；

②由此计算出学习时数与学习成绩之间的相关系数。

第 9 章
统 计 分 析

【学习目标】

　　通过本章学习,了解统计分析的意义和
任务、统计分析的种类。掌握统计分析的步
骤和分析方法,能够进行统计综合评价。

9.1 统计分析的意义和任务

9.1.1 统计分析的概念和意义

统计分析是以客观统计资料为依据,运用科学的统计方法,对现象进行定量与定性的分析研究,从而认识事物本质和发展规律并提出解决问题的方法的工作过程。

统计分析是整个统计活动中的一个非常重要的阶段,是统计研究的决定性环节,在统计工作过程中具有重要的意义,具体表现在以下几个方面:

1)统计分析是认识客观世界的重要工具

统计分析可以使我们认识客观世界,了解各地区、各部门、各领域的发展现状和趋势。统计分析对于了解和掌握天文、气象、生物等自然领域的情况、规律,以及对这些领域的研究和发展有着重要的意义。在社会经济方面,从国民经济的综合平衡、各种比例关系的协调发展,到人口的控制、企业的生产经营管理,都要应用统计分析。

2)统计分析是全面地认识客观事物的过程

客观现象不是孤立存在的,而是相互联系、相互制约的,这就需要在充分占有历史资料的基础上,全面考察与分析客观事物所处的环境以及历史发展的经验和趋势,才能得出正确的结论。统计分析从数量上、总体上对现象进行全面的分析,有助于对整个现象作全面的了解和认识,探讨事物变化的原因,提出可行的对策。

3)统计分析是发挥统计整体功能、提高统计工作地位的重要手段

我国加入 WTO 以后,社会经济领域已经发生了深刻的变化。为了正确分析社会经济问题,作出准确而科学的决策,对统计分析的要求越来越高,要求统计部门利用更准确更客观的统计资料,把数据、情况、问题、建议等融为一体,既有定性分析又有定量分析,比一般统计数据更集中、更系统、更清楚地反映客观事实,又便于研究、理解和利用,因而是发挥统计信息、咨询、监督作用的重要手段。与此同时,也提高了统计工作的社会地位。

4)统计分析为政府及管理者决策和管理提供可靠的依据

统计分析可以综合反映一个国家、地区、部门的多种统计信息,通过一系列的统计指标充分展示各种统计成果,为各级领导、管理者提供科学的、可行的、具有量化特点的咨询意见和对策建议。

9.1.2　统计分析的任务

统计分析的任务与整个统计工作的任务是一致的。但是由于统计分析提供的资料不是原始的,而是经过整理加工提炼的具有一定观点的综合分析资料,并在此基础上剖析问题,揭示矛盾,提出解决矛盾的措施、办法和建议,因此对统计分析资料的质量要求比对调查、整理资料的质量要求要高得多。因而统计分析的任务也就更加艰巨,具体可归纳为以下几点:

1)综合分析研究自然科学领域和社会发展的现状

通过对国情国力、国民经济中的主要比例、经济效益、产品质量、科学技术的发展、教育结构、社会治安、环境保护等方面的分析,发现问题,提出解决问题的方法,及时为有关方面提出进行宏观调控和监督的建议。

2)综合分析研究社会经济发展的历史资料并找出其规律性

通过对历史资料的研究,找出社会发展变化的趋势,以及其他有关社会经济情况的变化的规律性等问题,认识规律,驾驭规律,促进社会经济的发展。

3)在对社会经济发展规律性研究的基础上,进行预测分析

充分利用统计分析资料,综合运用各种科学的手段,将定量因素与定性因素有机地结合起来,进行正确地分析,使预测的结果更接近实际,进而为决策提供可靠的依据和建议。

4)综合分析研究社会经济发展及其某些专门问题,揭示先进与后进的差距,为改进工作提供依据

如利用指数体系对影响社会经济发展现象的因素进行分析,及时发现新情况,新问题,并采取相应的措施。

统计分析的任务是相互联系、相辅相成的。现状分析和历史分析是基础和重点,预测、决策分析是历史规律性分析的继续和深入。

9.2　统计分析的种类

统计分析按照不同的划分标准,可以进行不同的分类。

9.2.1　绝对分析和相对分析

①绝对分析是指对反映社会经济发展总规模、总水平的总量分析,在数量上表现为绝对数。如一个国家、一个地区的人口数、土地面积、国民生产总值、粮食产量、外贸进出口额、社会商品零售总额等。总量是认识社会经济现象的起点,是一个国家、一个地区经济规模和经济实力的集中体现。

②相对分析也称相对数分析,是将两个有联系的总量指标进行对比,用以反映现象发展的速度、结构、强度、普遍程度或比例关系。相对分析可以使不能直接对比现象找到可以对比的基础,进行更为有效的分析,如不同企业中的资金利润率、百元产值占用的流动资金、产品的产销率等。

9.2.2　当期分析和预测分析

①当期分析是指在一定时期内(月、季、年)对生产活动情况的全面分析。分析的主要对象是计划执行的结果与月度、季度、年度的计划是否一致或接近,以便及时发现问题,抓住主要矛盾,提出完成计划的相应措施。

②预测分析是指在报告期尚未结束时,根据计划完成进度,结合主客观条件,预测到计划期结束前,计划任务完成情况的一种分析。可分为月度预测分析、季度预测分析和年度预测分析。

9.2.3　宏观分析和微观分析

①宏观分析是指对整个国民经济或一个地区经济全面系统地分析研究。如对社会总供给和社会总需求之间的分析,对财政信贷、外汇等的平衡分析以及国民经济各部门之间的联系、结构和比例关系的分析。

②微观分析是指对基层单位的具体活动的分析。运用最广泛的是对企业的计划完成情况、经营管理、产品营销和经济效益等方面的分析研究。

9.2.4 静态分析和动态分析

①静态分析是指对现象在一定时期或时点的规模、水平、对比关系、经济效益等方面的分析。强调同一时点、同一时期的比较,如 2014 年我国国民生产总值同美国、日本进行比较。

②动态分析是指对现象在不同时期、不同时点的发展变化情况所作的分析。强调不同时点、不同时期的比较。如分析我国 20 世纪 50 年代、60 年代、70 年代、80 年代、90 年代的人均消费水平的变动,通常利用时间数列来进行分析。

9.2.5 专题分析和综合分析

①专题分析是指对某一专门问题进行的统计分析。如对某市房地产市场的分析、对外贸进出口额的分析等。其要求选题要准、分析要深、引用的资料要实、分析的结论要真。

②综合分析是指对研究对象的各个方面所作的全面分析研究。主要对国民经济的发展速度、结构、比例关系和经济效益等进行的综合分析,以观察发展速度是否适度,结构是否合理,比例关系是否协调,经济效益是否提高等。还可对地区、部门的生产、供应、销售或人力、物力、财力、竞争力进行综合分析研究。

一般地说,专题分析是综合分析的基础,又是综合分析的深入和补充,而综合分析是专题分析的概括,同时又为专题分析提供新的线索和课题。

9.3 统计分析的步骤和比较分析方法

9.3.1 统计分析的步骤

统计分析根据分析目的及其研究重点的不同,可以选取不同的形式。但无论何种形式,其基本程序是相同的。一般来说,统计分析分为如下几个步骤:

1)确定分析目的并选定分析题目

在进行统计分析之前,首先必须明确分析研究所要解决的问题是什么。只有明确了分析目的,统计分析各阶段的工作才能围绕着分析目的来进行,从而达到节时省力,提高分析质量的效果。

确定统计分析的目的关键在选题,要做到目的明确,选题准确。一般来说,课题的选择要根据客观的需要,如社会热点话题、有争论的难点问题或社会中出现的新事物、新问题等。不管所选定的题目源于哪个方面,应当是关键性的、有一定预见性的问题,并且是在现有条件下能够完成的。

2)拟订分析提纲,设计课题研究的计划

分析提纲是整个分析工作的指导性计划,一般包括以下内容:
①分析研究的对象、内容;
②分析的目标、要求;
③列出分析思路的大纲和细目;
④分析所需要的资料及其来源、资料取得的方式、方法;
⑤整个分析工作过程的步骤和分工。
分析提纲确定以后,在实际分析研究中,可以根据出现的新情况、新问题随时进行补充和修改。

3)搜集、鉴别和整理资料

统计分析要以统计数据资料为基础,因此,课题选定之后,首要的一步就是用各种方法调查、搜集大量的、客观的、可靠的资料。资料的搜集,要围绕分析题目,按照分析提纲的要求来进行,并在搜集过程中将各种方法结合运用。

由于资料是多方面的,既有历史资料又有新资料,既有同行业的资料又有相关单位的资料,同时还有一些补充资料,而且其来源渠道不同,在总体范围、指标口径、计算方法等方面都会有一些差别,因此有必要对所取得的资料进行鉴别。应根据具体情况对资料的范围、口径、计算方法以及价格进行必要的调整、换算,使其能够进行动态对比或横向对比。

在对统计资料进行鉴别之后,还要根据分析的目的及要求,对资料进行去粗取精、去伪存真、由表及里地加工处理和间接推算,从中筛选出有用的资料,作为统计分析的直接依据。

4）进行分析，得出结论

面对大量资料，统计分析人员要利用统计特有的分析方法，既要进行静态分析又要进行动态分析，既要分析结构又要比较总量，从而考察事物的发展变化，研究事物之间的依存关系，并在分析的基础上进行综合思考，提出解决问题的建议。

5）根据分析结果，写出统计分析报告

统计分析的结果是写出统计分析报告。它是统计分析的最后程序，集中体现研究的最终成果。分析报告一般包括以下内容：
①基本情况概述；
②分析发现的问题及主要成绩；
③问题产生的原因；
④提出改进意见。

撰写统计分析报告时，须注意紧扣主题，从分析现象总体的基本数量关系入手，结合有关情况和事实，进行科学的归纳、总结、推断和论证，做到中心突出，层次清晰，简明扼要，在阐明观点的同时，提出解决问题的方法和建议。

9.3.2　比较分析方法

统计分析的方法很多，如前面各章所述的统计分组法、因素分析法、相关分析法等，但是最常用的方法是比较分析法。

1）比较分析法的概念和作用

比较分析法是将企业的统计指标所反映的实际数量状况与有关指标进行对比，计算出数量上的差别和变化，以分析企业实际指标与有关指标之间的对比关系，进而对企业的实际状况作出评价和判断的思维过程。比较分析法是统计综合分析中基本的、常用的方法，其主要作用有以下几个方面：

①便于更深入、更明确地认识事物，对事物的本质作出评价。某一个单独的统计指标或一群统计指标只能说明总体的实际数量状况，而不能反映总体的发展程度和发展方向以及在众多总体中的地位。只有经过综合分析比较，从数量的差别和变化，才能更深入、更明确地认识事物，帮助人们作出评价。

②便于进行检查和监督,深入分析原因,找出解决办法。将某种事物的存在和发展状况同有关政策规定的指标进行比较,看其是否符合标准规定要求,以便对事物进行检查和监督,并据此进一步分析其原因,进而找出解决的办法。

③便于对企业的经济活动发挥更大、更广泛的促进作用。在各地区、各部门、各单位之间进行多项统计指标的比较,会发现他们之间的差别,利用它们之间的差别,有组织地进行评比竞赛,可产生促后进赶先进的作用。

2)比较分析法常用的指标评价标准

①公认标准是反映各类企业不同时期都普遍适用的指标评价标准。

②行业标准是反映某行业水平的指标评价标准。通过行业标准指标比较,有利于揭示本企业在同行业中所处的地位及存在的差距。

③目标标准是反映企业目标水平的指标评价标准。当企业的实际指标达不到目标标准时,应进一步分析原因,以便改进管理工作。

④历史标准是反映企业历史水平的指标评价标准。企业可将期末与期初比较、本期与历史同期比较、本期与历史最高水平比较,揭示企业经济管理工作中存在的差距。

3)比较分析法的种类

(1)按对比的时间状况不同,可分为静态对比和动态对比

静态对比也叫横向对比,它是同一时间、不同指标数值的对比。如计算的计划完成程度指标、比较相对指标、比例相对指标、结构相对指标以及强度相对指标都属于静态对比。可以用本企业的实际数与本企业的计划数进行对比,也可以用本企业的实际数与同时期本行业先进水平、国内先进水平、国际先进水平进行对比,从而发现本企业与其他企业,以及与先进水平的差距,以便改进管理,增收节支。

动态对比也叫纵向对比,它是同一总体不同时期的同一指标数值的对比,反映企业生产经营活动随时间推移而发生的数量上的变化。主要通过计算动态相对数来进行对比,如计算发展速度、增长速度、平均发展速度、平均增长速度。企业可将本期实际数与前期实际数、历史最高水平进行对比,也可与国内外其他企业不同时期的水平或先进水平进行对比,反映企业自身的进步和发展,从而找出差距,增强信心,取得更好的成绩。

(2)按对比说明的对象不同,可分为单指标对比和多指标对比

单指标对比将企业生产经营活动中的某一统计指标与某一对比指标进行对比,如就企业的劳动生产率进行对比。

多指标对比是对企业总体或企业总体的某一方面进行全面比较和评价，因此也成为综合评价。如企业经济效益所作的多指标对比、对国民经济和社会发展情况作全面评价和比较等。多指标对比较单指标对比更具综合性、全面性，在企业日益成为市场经济竞争主体的今天，更具重要意义。

4) 比较分析法的原则

为了保证对比结论的可靠性、科学性和准确性，必须使对比指标间具有可比性，这是进行比较分析的前提。可比性包括：

①指标的内涵和外延可比。内涵指指标的概念和含义。外延指指标的计算口径。对比时应是同一指标并且计算口径相同。

②指标的时间范围可比。在进行静态和动态对比时，如果是时期指标，对比的指标数值所包含的时期长度应该一致，如果是时点指标，对比的指标数值应是同一时点的数值。

③指标的计算方法和计量单位可比。

④总体性质可比。只有同行业、同类型企业进行对比，才能说明某一企业在同行业中所处的地位；同类产品进行对比，才能说明其成本、价格、市场占有率的真实差异。

9.4　统计综合评价

9.4.1　统计综合评价的意义和作用

1) 综合评价的意义

统计综合评价是指利用社会经济现象总体的指标体系，结合各种定性材料，构建各种综合评价模型，通过各种数量的比较、计算，求得各种综合评价值，对被评价对象作出明确的评定和排序的一种统计分析方法。综合评价的结果表现为顺序、分出等级并作出判断性的结论。利用统计综合评价，可以使多个指标、多个单位的分析易如反掌。

2) 综合评价的作用

综合评价广泛应用于宏观统计分析，如不同国家经济实力、不同省份社会发展水平的对比、小康生活水平达标进程评价等,也用于微观统计分析,如企业自身的纵向对比、企业之间的横向对比等。其主要作用在于:

①通过综合评价对所分析的现象总体有一个综合的认识。综合评价是一种多指标综合的方法,即把事物不同方面的评价值综合在一起,获得事物整体性的认识。如将劳动消耗、资金占用、投资、新产品的开发、产品质量等从各个方面反映企业经济效益状况的指标,利用某种综合评价方法进行合成,最终获得对企业经济效益状况的总体认识。

②通过综合评价对不同地区或单位之间的综合评价结果进行比较和排序。人们不仅要对社会经济现象总体本身的状况和水平有一个比较全面综合的认识,还要了解它在同类总体中的位置,用以比较各评价主体的差异状况,分析差异水平,因而必须借助于统计综合评价。

9.4.2 统计综合评价的步骤

1)明确评价目标

统计综合评价总是针对某一个或若干个专题统计分析展开的,都要有一个特定的目的或目标,而且统计分析的目标决定了综合评价的指标体系及具体方法。因此,在进行综合评价前,首先要明确评价的目标。

2)根据评价目的,建立综合评价指标体系

建立综合评价指标体系,是综合评价分析的基础和依据,其科学性是关系评价分析结论正确与否的关键。建立综合评价指标体系应遵循以下原则:

①科学性原则。科学性原则是指指标体系要能够客观地反映现象本身的性质、特点、内在关系和变动过程,并且指标体系内部指标之间要具有一定的逻辑关系。

②全面性原则。全面性原则是指指标体系应尽可能从各个角度反映分析对象的全貌。

③敏感性原则。敏感性原则是指指标体系中各指标能敏感地反映分析对象的变化。有些指标在理论上是非常重要的,但其过多地受政策因素制约,不能或不能完全反映总体的实际变化,因而不宜编入指标体系。

④精简节约原则。精简节约原则指要删除重复和关联度高的指标,使指标体系包括的指标尽可能地少,且每个指标要相对独立。这样可减少工作

量,使分析过程简单明了。

⑤实用性原则。实用性原则是指指标体系中所包含的指标的历史数据和现实数据较易收集。有些理论上比较重要的指标,如果较难取得,必须用合适的统计资料来代替它。

3)选择恰当的综合评价方法

统计综合评价的方法很多,它们都有各自的特点和运用领域。综合评价方法的主要作用是使不能同度量的指标同度量化,以及将各指标评价值合成为总评价值。常用的综合评价方法有综合评分法和综合指数法。

4)确定综合评价分析指标体系的评价标准

组成综合评价分析指标体系的各种指标计量单位是不相同的,无法进行综合汇总。为了解决这一问题,最常用的方法是确定评价指标体系中各指标的评价标准,亦即各指标的比较标准,常用的有以下几类标准:

①计划标准。若评价分析的目的是说明计划完成情况,可选择计划数值作为标准值。

②动态标准。若对一个企业的生产经营进行综合动态分析,说明该企业生产经营的提高情况,可选择本企业前期、上年同期、历史最高水平、某一基准时期的数值作为标准值。

③平均标准或最优标准。若评价的总体包括若干个企业,通过综合评价分析来说明各企业的水平高低或排序,可选择某一时期所有参评单位的平均值或最优值作为标准值。

④行业标准、国家或国际标准。若评价说明的目的是说明一个企业或若干企业在与同行业、全国、国际之间的差距,可选择行业标准、国家或国际上同类指标的一般水平、先进水平作为标准值。

在综合评价分析中,以上几类标准常结合运用,以便对企业生产经营全貌作出全面综合的定量分析。

5)确定综合评价分析指标的权数

在综合评价分析中,各指标的作用是不同的,有的指标包含的信息量大,对反映问题的敏感性好,其地位和重要程度大于其他指标。指标的权数正是权衡各项评价指标在分析指标体系中的作用、地位和重要程度的数值。为了评价分析的科学性,必须对不同指标赋予不同的权数。科学确定权数的主要方法有:

①经验判断法。这种方法是分析人员或邀请具有丰富管理经验的企业

经营管理专家,采用开会讨论的方法,在深入分析各项指标对所评价分析问题的重要程度后,共同研究确定各项指标的权数。

②专家咨询法。即国外所称的德尔菲法。这种方法是采用发函咨询的方法,请各位专家对各指标的权数独立判断,提出自己的意见;然后,将专家们的意见收回加以整理、归纳、综合,再反馈给各位专家,再次征求意见;经过三四次循环,最后取得对权数比较一致的意见。

在综合评价中,一般规定各指标权数之和等于 1(或 100%),用 W_i 表示第 i 个指标的权数即 $\sum W_i = 1$。

6)合成总评价值

将各指标的评价值合成总评价值,与所选定的标准进行比较,判断优劣,排出次序,以便发现问题,并提出对策与建议。

9.4.3　统计综合评价的方法

1)综合评分法

综合评分法是最常用的综合评价方法。首先根据评价目的及评价对象的特点选择若干指标组成评价指标体系,并确定各项指标的评分标准及打分方法,然后根据各项指标的实际数值按评分标准进行打分,将所有指标的分值相加,再与评价标准进行比较,作出全面评价,排出名次顺序或分出等级。

常用的打分方法有:

①名次计分法,即先根据各评价指标的优劣排出被评价对象的名次,名次在前得高分,名次在后得低分,然后将同一总体各指标的得分相加,求出该总体的总分,从而确定该总体的排列顺序。

②百分法,即以 100 分为标准总分,然后分别规定各个指标占多少分,可以等分,也可以不等分,这相当于加权。同时规定打分标准,再根据实际按规定标准打分,将各项指标的得分相加计算出总评价值。

例 9.1　某厂对该厂生产的 DVD 进行问卷调查,使用综合评分法(分 100 分、80 分、60 分、40 分、20 分 5 个组),收回问卷 1 000 份,有关评价指标和分组结果如表 9.1 所示。

清晰度的平均分 $= (500 \times 100 + 200 \times 80 + 200 \times 60 + 50 \times 40 + 50 \times 20)$ 分 $\div 1\,000 = 81$ 分

第 9 章 统计分析

耗电量得平均分 = (400×100 + 250×80 + 200×60 + 100×40 + 50×20) 分÷ 1 000 = 77 分

抗震能力的平均分 = (100×100 + 500×80 + 200×60 + 100×40 + 100×20) 分÷ 1 000 = 68 分

假定清晰度、耗电量、抗震能力的权数分别为 0.40, 0.40, 0.20, 则该厂 DVD 质量的综合平均得分为 : (81×0.40 + 77×0.40 + 68×0.20) 分 = 76.8 分。

表 9.1

评价标准	得票数					平均得分
	100	80	60	40	20	
清晰度	500	200	200	50	50	81
耗电量	400	250	200	100	50	77
抗震能力	100	500	200	100	100	68

2)综合指数法

综合指数法只适用于每一评价指标均为数量指标的情形。具体做法是 : 将每一评价指标的实际数值与该指标的某种基准数值相除, 得到个体指标指数值 ; 然后用事先确定好的每项指标的权数对所有个体指数进行加权平均, 计算出综合评价的平均指数。计算总指数的公式为 :

$$K = \frac{1}{\sum\limits_{i=1}^{n} W_i} \left[\frac{Q_{11}}{Q_{10}} W_1 + \frac{Q_{21}}{Q_{20}} W_2 + \cdots + \frac{Q_{n1}}{Q_{n0}} W_n \right]$$

式中　K——综合评价的总指数 ;

　　　Q_{i1}——第 i 个评价指标的基准数值, 该数值可以是过去的实际数, 计划定额数或一定范围的平均数 ;

　　　Q_{i0}——第 i 个评价指标的全重系数。

运用该方法时, 必须注意下面两点 :

①逆指标(数值越低越好的指标)必须转换成正指标才能进行加权平均计算, 方法是取其倒数 ;

②比较标准的选择影响综合评价的意义, 用计划数作标准时所评价的是被评价对象的计划完成情况 ; 选用时间标准时所被评价的是被评价对象的计划完成情况 ; 以平均数为标准, 则既可用来进行历史比较, 也可进行横向比较。

例 9.2　假设某企业 2014 年各项经济效益指标完成情况如表 9.2 所示。

表 9.2　各指标计划完成程度综合评定的计分标准

评估指标	基准分	各计划完成程度(%)+、-分值/分					
	80 以下	80~95	95~100	100~105	105~110	110 以上	
工作量	10	-1.5	-1.0	-0.5	0.5	1.0	1.5
竣工面积	10	-1.5	-1.0	-0.5	0.5	1.0	1.5
优等品率	12	-1.5	-1.0	-0.5	0.5	1.0	1.5
劳动生产率 按竣工面积计算	9	-0.8	-0.5	-0.3	0.3	0.5	0.8
劳动生产率 按工作量计算	9	-0.7	-0.5	-0.2	0.2	0.5	0.7
设备利用率	5	-0.8	-0.5	-0.3	0.3	0.5	0.8
设备完好率	5	-0.7	-0.5	-0.2	0.2	0.5	0.7
工伤事故频率	10	1.5	1.0	0.5	-0.5	-1.0	-1.5
产值资金率	10	1.5	1.0	0.5	-0.5	-1.0	-1.5
工程成本 降低率	10	0.9	-0.6	0.3	-0.3	-0.6	-0.9
工程成本 节约收入额	10	-0.9	-0.6	-0.3	0.3	-0.6	0.9
合计	100	-4.5	-3.0	-1.5	1.5	3.0	4.5

该企业综合经济效益指数:

$$K = \frac{1}{\sum_{i=1}^{n} W_i} \left[\frac{Q_{11}}{Q_{10}} W_1 + \frac{Q_{21}}{Q_{20}} W_2 + \cdots + \frac{Q_{n1}}{Q_{n0}} W_n \right]$$

$$= 10.02/10 = 1.002$$

【本章小结】

　　本章主要阐述统计综合分析与评价的意义、作用及其步骤,并介绍了几种统计综合分析与评价的方法。本章共分为 4 节,第 1 节阐述了统计分析的意义和任务;第 2 节阐述了统计分析的种类;第 3 节阐述了统计分析的步骤及其比较分析方法;第 4 节阐述了统计综合评价方法。本章重点是统计分析的步骤和统计分析与评价方法。

【思 考 题】

1.什么是统计分析？统计分析的作用是什么？

2.统计分析的任务是什么？

3.统计分析如何进行分类？简述其分类的内容。

4.简述统计分析的步骤。

5.什么是比较统计分析方法？其作用是什么？

6.比较分析法常用的评价标准有哪些？

7.使用比较分析法应遵循哪些原则？

8.简述比较分析法分类的内容。

9.什么是统计综合评价？统计综合评价的作用是什么？

10.简述综合评价的步骤。

11.建立综合评价指标体系的原则是什么？

12.常用的综合评价分析方法有哪两种？

13.如何确定综合评价指标体系的权数？

参考文献

［1］李洁明,祁新娥.统计学原理［M］.上海:复旦大学出版社,1999.

［2］栗方忠.统计学原理［M］.大连:东北财经大学出版社,2001.

［3］董逢谷,陈慧琴,胡清友.企业统计学［M］.上海:上海财经大学出版社,1997.

［4］于文平.工业统计［M］.北京:首都经济贸易大学出版社,1998.

［5］田竞和,曹志祥.工业统计学［M］.上海:立信会计出版社,1997.

［6］卞毓宁.统计学概论［M］.北京:高等教育出版社,2000.

［7］梁前德.基础统计［M］.北京:高等教育出版社,2000.

［8］陈允明.国民经济统计概论［M］.北京:中国人民大学出版社,2000.

［9］徐国祥.统计学［M］.上海:上海人民出版社,2007.

［10］向蓉美,王青华.统计学导论［M］.成都:西南财经大学出版社,2008.

［11］李朝鲜.社会经济统计学［M］.北京:经济科学出版社,2006.

［12］田爱国,王丽萍,刘灵芝.统计学［M］.北京:中国铁道出版社,2011.

［13］曾五一.统计学［M］.2 版.北京:中国金融出版社,2011.

［14］杜金富.货币与金融统计学［M］.3 版.北京:中国金融出版社,2013.

［15］曾五一.统计学简明教程［M］.北京:中国人民大学出版社,2012.

［16］袁卫.统计学——思想、方法与应用［M］.北京:中国人民大学出版社,2011.

［17］杜欢欢.统计学［M］.北京:科学出版社,2008.

［18］邹宁.应用统计学［M］.2 版.北京:机械工业出版社,2010.

［19］国家统计局.2014——中国贸易外经统计年鉴［M］.北京:中国统计出版社,2014.

［20］国家统计局.2014——中国统计年鉴［M］.北京:中国统计出版社,2014.

［21］编委会.统计相关知识［M］.3 版.北京:中国统计出版社,2014.